<hr>

ENTRETIENS LIBRES

DES

PUISSANCES DE L'EUROPE;

SUR LE

BAL GÉNÉRAL

PROCHAIN.

<hr>

CONGRÈS

POLITIQUE,

OU

ENTRETIENS LIBRES

DES

PUISSANCES DE L'EUROPE;

SUR LE

BAL GÉNÉRAL

PROCHAIN.

Qui poteſt capere ! Capiat.

AVEC FIGURES.

A LONDRES,

Chez T. R. DELORME, Imprim. Libr. Dover ſtreet,
Piccadilly.

M. DCC. LXXII.

EPITRE

A MILORD

FREDERIC II.

C'EST trop ofer, SEIGNEUR, que de t'offrir fi peu de chofe; mais je fais comme un de mes pauvres confreres de jadis, qui n'ofant approcher du prince, fans quelque préfent, felon l'étiquette d'alors; alla puifer de l'eau plein le creux de fa main, & l'apporta à fes pieds. Ne t'offenfe pas, de graces, fi je refte fous le voile; je n'en connois pas moins toute l'étendue du refpect qui t'eft dû. Mais je fuis, en même-tems, très-affuré, que ni l'auteur, ni fon ouvrage, le premier de fa vie en ce genre, ne valent pas un quart-d'heure de ton attention. Quelque chétif qu'il te parût, tu n'aurois rien que d'obligeant à lui dire; il pourroit compro-

mettre ton jugement. Le public libre dans
le sien, ne seroit peut-être pas d'accord avec
toi. Fais comme lui, SEIGNEUR : laisse dire,
& pense ce qu'il te plaira. Si l'envie te prend
de savoir qui il est : tu as les mains assez
longues pour le déterrer. Et pour se confor-
mer encore, à des tems plus reculés : il
fera comme cette illustre israëlite qui, sur le
point d'être lapidée, renvoya au juge, les
renseignemens de celui qui l'avoit condam-
née.... Il y a dans ta chambre de curiosités,
un petit morceau de méchanique, de sa
façon, de deux piéces uniques ; dont l'une,
toute d'ébene, & l'autre d'ivoire : & dans
ta bibliothéque, un monument fort précieux
de la premiere imprimerie d'Anvers, chez
Martin l'Empereur. Il a fait aussi, il y a
environ trente ans, quelque chose * pour
MADAME ta sœur, bien aimée, dans un de
ses châteaux, situé entre les thuringiens, les
francs, les boyens & le royaume de Libyssa.
Il est ton contemporain d'âge & ton rival ;
avec cette petite différence, que tu as écris
sur un trône, & lui sur son grabat ; & qu'il
trotte quelquefois dans les boues de la capitale des anges. Puisse-tu regner encore longues années, pour le bonheur de tes peuples
& l'admiration de l'univers. Vale.

* Un clavecin.

DISCOURS
PRÉLIMINAIRE.

Cet opufcule n'eſt qu'une collec-
tion des réflexions nocturnes d'un voyageur aſthmatique qui , pour charmer
l'ennui de ſes inſomnies , s'amuſe à
combiner les événemens paſſés ; pour
en tirer des conjectures ſur l'avenir.
L'auteur , en peignant librement les
vices politiques des différens gouverne-
mens , n'entend nullement déroger au
reſpect dû aux ſouverains ; & encore
moins cenſurer leurs qualités perſonnel-
les. Les vérités déſobligeantes ramê-
nent rarement les hommes , & les of-
fenſent preſque toujours. Il n'eſt ſalarié
d'aucune puiſſance , pour médire de
l'autre. Il n'a eu pour but que d'eſquiſ-
ſer légérement l'état actuel de l'europe ,
& de ce qui peut y être relatif. Comme

tout eſt ſujet à des viciſſitudes perpétuel-
les : il eſt très-probable que l'an révolu,
ce tableau ne reſſemblera plus, en tous
points, à ſes originaux ; mais il ſervira
du moins, à confronter le tems d'alors,
avec celui d'aujourd'hui. Si l'auteur n'a
pas écrit au gré de tout le monde ; c'eſt
que nous voyons les objets, tous tant
que nous ſommes, avec des yeux différens, ou ſelon nos intérêts perſonnels,
ou d'après l'étendue de nos connoiſſan-
ces ; ou enfin, par nos préjugés. La
monotonie des récits y eſt réparée, par
la variété des matiéres, & par l'ironie
qui ſuccéde ſouvent au ſérieux ; ſans
aucune tranſition perceptible. C'eſt au
lecteur pénétrant & attentif, à démêler
l'alternative. Le public, avide du mer-
veilleux, comme du nouveau, porte
ſouvent un jugement précoce, ſur le
titre ou la préface d'un ouvrage ; mais
qu'il ſe ſouvienne, qu'il eſt de l'équité
de le lire, avant de prononcer. *Tolle ergò
& lege.*

La Clef des noms allégoriques eſt à la fin.

LE BAL

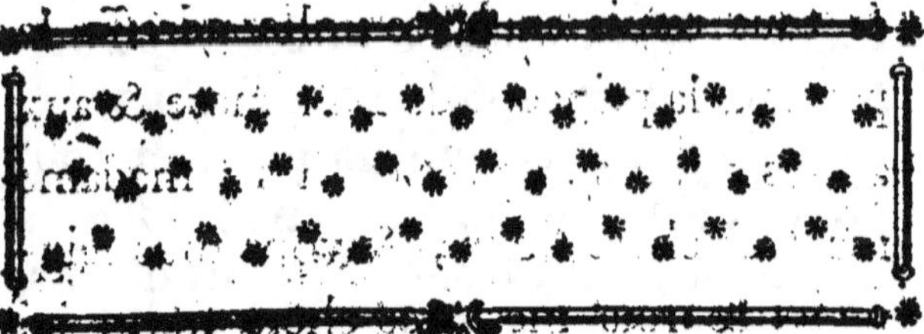

LE
BAL GÉNÉRAL
PROCHAIN.

CHAPITRE PREMIER.

La Reine de Pannonie. N°. 1.

Les princes assemblés, chacun ayant
pris sa place : la reine de Pannonie,
priée par l'orateur d'ouvrir la premiere
son avis ; cette princesse se leva, &
après avoir salué, du geste & des yeux,
tous les souverains : ils se leverent
pareillement, pour lui rendre le salut ;

A

& tous remis en place ; elle adresse la parole à la princesse de Bellemore & aux autres princes, en ces termes : madame ma très-chere sœur, & vous tous seigneurs & rois mes très-chers freres ici présens ! . . . . Sans vous rappeller les bals fréquens que mes glorieux ancêtres ont donnés, (a) depuis plus de deux siécles, d'orient en occident, contre les sarazins & les gallois : je ne vous parlerai que de ceux des derniers tems ; encore, ne vous en ferois-je aucune mention, si les suites n'en influoient sur le bal projetté.

Après le décès de notre très-cher & très-honoré pere de glorieuse mémoire : le prince de Gallinie, le roi Salomon, le duc des thuringiens & celui des boïens, tous briguans le sceptre impérial de Germanie & les dépouilles du défunt : tous ces seigneurs, dis-je, ayant choisi mon terrain, pour y donner

(3)

le bal , firent de prime abord grand
fracas. Je les laissai évaporer leur premiere fougue, & je fis morfondre les
gallois , avant de leur dire le mot.
Je leur abandonnai même la grande
salle du royaume de Lybissa , pour
y danser à leur aise ; mais j'en
resserrai les avenues de si près , que les
rafraîchissemens venant à leur man-
quer , ils furent contraints de manger
jusqu'à leurs montures. Je les laissai
cependant respirer en apparence ; &
du même coup , je fus fondre sur Salomon qui , en prince prudent , quoique
victorieux pour le moment , me proposa
la paix , nous la fimes. Les gallois mur-
murerent beaucoup de la désertion de
Salomon , & l'accuserent sourdement de
perfidie ; mais , il leur ferma la
bouche.... *Mes amis ! vous êtes venus
danser sur ce terrain-ci ; & vous m'avez
prié de faire chorus avec vous , en me re-
présentant , qu'il étoit de notre intérêt*

commun de donner le bal ensemble... Vous eûtes même l'adresse de me persuader... que vous agissiez plutôt pour le mien que pour le vôtre. La chose étoit apparente; car en effet, quel droit aviez-vous de mettre la faucille dans la moisson d'autrui? bref, je voulus bien le croire, quoi que je dusse sentir qu'il y avoit quelque anguille sous roche. Cependant comme j'y trouvois mon compte, je m'embarquai avec vous. Je remarquai pourtant que vous n'aviez pas l'oreille juste, & que vous ne dansiez pas en cadence, & voyant que vous partiez toujours trop tard, je me retirai du bal & vous laissai danser seuls à votre mode..... Tels furent les raisons de la retraite de Salomon. Ce terrible danseur appaisé, j'eus bientôt fait de nettoyer la salle des autres. Vous savez, seigneurs, l'issue de cette danse, & ce qui s'est passé le bal d'après; ainsi que le train des affaires jusqu'à ce jour. Je me hâte de donner mon avis, sur le bal prochain; il ne sera pas long.

Mon fils brûle d'envie de danser, mais les circonstances présentes ne sont pas favorables à son ardeur. Mes ancêtres dansoient ci-devant, de concert avec les anglais & les cartes. Vers la fin de l'avant-dernier bal, dont je viens de vous parler, le pere Angélique & son fils accoururent en personne, à mon secours, parce que les mêmes gallois, que j'avois expulsés de ma salle haute, cherchoient à s'emparer de la basse. Mais ces amis voyant que tous les frais de la danse retomboient sur eux, ils se plaignirent hautement, que je trichois sur le nombre des danseurs; que je devrois fournir (lesquels, soit-dit en passant, ne firent que se promener de salle en salle) de même que sur l'employ de leurs deniers; sur quoi, ils se refroidirent & quitterent le bal. Dans le dernier que je voulus donner à Salomon, ils refuserent tout net de danser avec moi. J'eus recours au grand Llama qui,

toujours animé du saint zèle de faire
égorger les hérétiques, fit entendre aux
gallois, que les anges mécontens
de leurs procédés équivoques dans l'ob-
servation des articles stipulés à la paix,
les taxoient d'avoir usé de restrictions
mentales ; qu'ils menaçoient de recommencer la danse, & que s'ils vouloit
l'en croire, ils feroient très-bien de
s'allier avec moi. Ceux-ci crurent faire
un chef - d'œuvre de politique, en me
mettant dans leurs intérêts. Je gagnai
de mon côté la princesse de Bellemore,
& assurée de son appui, comme de celui
du prince de Gallimie, contre Salomon :
nous engloutissions déjà en espérance,
le patrimoine du petit marquis de B***.
tant il nous paroissoit petit ; mais il
en arriva tout autrement. Après plusieurs danses de part & d'autres, le
grand prince de Bellemore engagea sa
princesse à quitter le bal ; sans-doute
à la priere du rusé Salomon ; & pour

abréger, nous y laiſſames, les gallois &
moi, de nos plumes. Loin de retirer
des mains de Salomon, ce que la né-
céſſité du tems m'avoit obligé à lui
céder à la paix précédente, je lui en
aſſurai la poſſeſſion à perpetuité. Les
pauvres gallois, mes co-danſeurs, en
furent auſſi les duppes ; ils y perdirent
preſque tous leurs domaines d'outre
mer, & ſi l'on eut voulu ſuivre l'avis
du miniſtre des anges alors en place,
ils n'y occuperoient plus aujourd'hui
un pouce de terrain.

Pluſieurs princes & ſeigneurs s'éton-
nerent du contraſte de l'alliance des
gallois avec ma maiſon ; ceux-ci s'é-
crioient eux - mêmes avec tranſport :
qui l'eût jamais penſé, que l'on pût
allier le feu & l'eau ! . . . . Mais ce qu'ils
ignoroient & que je veux bien vous
dire, c'eſt, que leur ambaſſadeur
d'alors, auprès du grand Llama, Lo-

tharingien & llamaniste à brûler, se
fourra en tête ce coup d'état : il trou-
voit par là le moyen de marquer son zèle
au Bramine & celui de m'obliger, en
uniffant les intérêts de fon maître aux
miens. Cette négociation valut à fon
fils, la place de grand vifir, qu'occu-
poit alors un llamaniste dignitaire &
grand philofophe. Le génie tranfcendant
de ce dernier, fentoit d'avance, l'ab-
furdité & l'inconféquence de cette
manœuvre; il en dit fon avis, mais
on lui ôta le maniement du tréfor,
pour reprendre l'encenfoir, fon premier
métier : il s'en confola & fe retira *cum
otio & dignitate.* Je l'ai déjà dit, il étoit
philofophe; l'on attribua donc de
l'honneur de ce grand ouvrage au llamanifte lotharingien, au lieu que
ce fut celui de mes miniftres à la cour
du Llama ; lefquels voyant l'ambaffa-
deur des gallois entiché de fa prétendue
parentée avec mon époux, & fi zélé

pour

pour mon service ; me firent favoir fes difpofitions. Je leur ordonnai de flatter fon erreur, & de l'engager à me fervir. Les fuites de cette alliance nous ayant été également funeftes, le grand vifir des gaulles fon fils, aujourd'hui dépofé, changea de batteries ; & de grand llamanifte, qu'il étoit ou paroiffoit être alors, il s'avifa tout à coup d'arborer l'étendart de la liberté galloife. Ainfi, foit feinte ou réalité, il abandonna non - feulement les intérêts du grand Llama ; mais il aida, à ce que l'on prétend de tout fon pouvoir, à l'expulfion des muficiens llamaniftes de la *Bande-noire* *.

Je reviens à notre bal, fi mon fils à tant d'envie de danfer, qu'il en tâte ; mais s'il veut fuivre mes avis, il laiffera

---

* Les jéfuites.

danfer les plus préffés , & ne fouffrira
aucun bal étranger fur fon terrain : c'eft
felon moi , le parti le plus fûr & la
gloire la plus folide. En effet, avec
qui danferoit-il , avec les gallois ? . . . .
qu'ils lui rendent donc auparavant les
falles qui appartenoient à fes ancêtres :
favoir , le pays d'entre les Helvetes &
les Bourgoins , (1) les contrées d'Hol-
facie Rhénane & l'Auftrafie mouvante
de l'empire de Germanie ; (2) ainfi que
les frontieres des Belges (3). Mais fi les
gallois qui fe font emparés par fucceffion
de tems de tous ces beaux terrains , de
même que de la Neuftrie , (4) de la
Brittannie (5) & de l'Aquitaine : fi,
dis-je, ils étoient obligés à reftitution ,

---

(1) La Franche-Comté.
(2) L'Alface & la Lorraine.
(3) La Flandre.
(4) La Normandie.
(5) La Bretagne , &c.

ils feroient eux-mêmes bien mince figure au bal projetté. Avec qui donc mon fils pourroit-il danfer ? feroit-ce avec Salomon ? Je fai qu'il a beaucoup de vénération pour cet habile maître. Mais, comment danfer de concert avec ce prince, tant que nous le regarderons comme l'ufurpateur de nos appanages ? il eft néanmoins inconteftable que, s'il pouvoit fe former une folide union, entre notre maifon & la fienne, la Germanie feroit pour jamais affranchie des atteintes de fes vôifins, & fur-tout des gallois. Leur politique fut de tout tems, de femer la jaloufie & la méfiance chez les nations qui les environnent, ou de répandre l'or chez les plus éloignées, pour les retenir dans leurs intétêts. Ils ont même réuffi à perfuader à nos compagnons que cette alliance ne peut tôt ou tard que tourner à leur ruine. Le duc des Boyens pourroit en dire des nouvelles ; mais le plus grand

obſtacle eſt , que le grand Llama , depuis l'avanture de l'empereur Joſeph ;
dont le méchant couſin jetta une
ame du purgatoire par la fenêtre,
mettroit plutôt toute l'europe en
combuſtion , que de ſouffrir que ſes
chers enfans s'allient jamais avec
des nations infectées d'héréſie. Il
ne ſeroit cependant pas ſi difficile ſur
l'article , ſi Salomon vouloit accé-
der à l'alliance que lui a propoſée
tout récemment le jardinier des Heſ-
perides ; puiſque Saladin & lui s'entendent déjà comme larrons en fóire,
Toutes ces raiſons, princes & ſeigneurs,
& ma carriere déjà avancée , ne me
permettent plus de penſer à aucun bal.
Ainſi , trouvez bon , je vous prie , de me
diſpenſer de mon avis ultérieur. Là-
deſſus la reine les ayant ſalué de rechef ,
elle ſe replaça , & finit.

CHAPITRE II.

La Princeſſe de Belle-More. N°. 2.

CETTE ſouveraine, après avoir ſalué l'aſſemblée comme avoit fait la reine de Pannonie , ſe raſſit & prit la parole...... Vous ſavez, madame ma très - chere ſœur , & vous tous rois & princes ! comment & par quel moyen je ſuis parvenue au trône que j'occupe. Je ſuis très-perſuadée qu'aucun de vous n'a ajouté foi aux calomnies, dont quelques mal-intentionnés ont voulu ternir la gloire de notre avénement ; & je penſe que perſonne ne cherche à troubler le repos de notre régne. Le petit bal que je donne aujourd'hui au croiſſant & aux ours mal léchés de Sarmatie, n'eſt que pour tenir mes danſeurs en haleine juſqu'à meilleure occaſion :

en attendant , je ne puis m'empêcher , princes & feigneurs ! de vous témoigner ma furprife , de ce que le grand Llama prétend empêcher que l'on chante en grec chez les farmates , de même qu'en latin ; & que ce bonze s'ingere de foulever une partie de cette nation , & même des puiffances étrangeres , contre un prince qui mérite l'eftime & l'admiration de tous les cœurs généreux ; & dont je foutiendrai les intérêts jufqu'au bout , au péril même de ma couronne. Oui , je prétends humilier ce téméraire farafin , (*) dont les orgueilleux prédéceffeurs ne frémiffoient pas d'ofer fe dire *feuls Dieux fur terre* (*b*), & faire mordre la pouffiere à cet effronté charlatan , qui fait accroire aux idiots, qu'il eft l'unique marchand de vie éternelle , avec privilége exclufif. La princeffe de Pannonie & monfieur fon fils, de concert

---

(*) Le Grand Seigneur.

ſoit diſant avec Salomon , ont beau faire
ſemblant de vouloir arrêter le cours de
la danſe ; ils ſe hatent trop lentement
pour me perſuader que c'eſt tout de bon.
Je ne vois pas d'ailleurs , quels peuvent
être les motifs de cette charitable médiation. Si le prince des gallois ne ſe fût
entremis plus efficacement dans le dernier bal que s'attira le ſixieme Charles,
avant le dernier roi de Germanie , par la
rupture de la treve avec la Grande Porte ;
le Soudan alors regnant , avoit bien la
mine de venir danſer juſques dans la
capitale de ce prince , comme fit jadis
un de ſes prédéceſſeurs , & peut-être
avec plus de ſuccès. Mais , point de querelle avec nos amis ; je ſai à quoi m'en
tenir , & Salomon s'en doute bien auſſi.
Il eſt même plus que probable, que les
rebelles ſont ſecrétement épaulés par une
puiſſance , qui feroit bien mieux de ſon-
ger à réparer ſes pertes , qu'à faire des
entrepriſes au-deſſus de ſes forces. Je

fai encore , que le prince gallois fournit maints danfeurs habiles au Sarafin ; mais c'eft fans conféquence. Peut-être les miens feront-ils auffi quelque jour , par occafion , un petit voyage en Gallinie, pour boire du vin de Champagne. Pour le préfent , occupée de mon bal , je vous laiffe , feigneurs , le foin du vôtre. J'ai dit.

CHAP. III.

CHAPITRE III.

Le Cousin germain, ses Camarades, & ses Filles libertines. N°. 3. (c)

Fils d'un pere, qui fut le digne mari de ma mere, & très-bon prince ; je voudrois bien laisser à la postérité quelque chose de plus à dire de ma personne. J'ai un champ vaste pour donner le bal, & des danseurs qui ne demandent pas mieux que de commencer le branle ; mais, ma très-chere & très-gracieuse mere s'oppose de tout son pouvoir à mon envie : elle me représente sans cesse, que je suis encore assez jeune, & que j'ai du tems de reste : & enfin, qu'il faut, avant d'aller au bal, voir danser les autres.

J'ai essayé de captiver la bienveillance

C

du plus fameux danſeur de ce ſiécle ; il ma paru agréer ma recherche. Je doute néanmoins, que jamais nous danſions d'accord. En attendant ce qui en arrivera, j'ai mené mes danſeurs aux extrêmités de la Pannonie, à por- tée des bals célebres qui s'y donnent, pour leur former l'oreille. Si je puis en- ſuite parvenir à perſuader à nos cama- rades & à nos filles libertines, qu'il eſt de leur honneur & de leur intérêt de m'aider à recouvrer toutes les belles ſalles de notre domaine, que les princes de Gallinie ont jadis envahies, & à délivrer pluſieurs de leurs ſœurs, qu'ils retiennent captives depuis plus d'un ſiécle : nous pourrions faire de bonne beſogne ; mais hélas ! avant que nos inſtrumens ſoient d'accord, les pétu- lans gallois donnent ſouvent le bal, dans le beau millieu de notre terrain ; & après avoir ruiné ceux de nos cama- rades qui ſe trouvent ſur leur paſſage, ils prennent nos filles de force pour les faire danſer avec eux. *Ils devroient cependant bien ſe reſſouvenir du fameux bal que nous leur donnames, avec Marlborough, dans les plaines de la Suabe.* Je meurs d'impatience de me ſignaler par quelque époque ſemblable. En attendant, je fais mon occupation chérie de procurer à mes peuples tous les ſoulagemens que mon pouvoir & ma bonne volonté me ſuggérent. Quand à préſent, meſſieurs mes très-chers freres, je ne puis vous dire autre choſe, ſi non, que je me réglerai ſur le train que prendront les affaires, pour aller au bal général, & qu'il ne tiendra pas à moi que je n'y figure comme les autres.

CHAPITRE IV.

Le Prince de Gallinie. N°. 4.

Princes & très-chers amis ! la fureur de danser a tellement possédé mes ancêtres, jusqu'à moi, qu'il ne s'est passé aucun de nos reignes qui n'ait, pour ainsi dire, été un bal perpétuel. Le passé à part, j'ai donné pour mon compte quatre à cinq bals, qui ont affermi mes frontieres & réuni à mes domaines, *un morceau qui nous revenoit de droit ; comme ayant été démembré jadis du royaume d'Austrasie, (d) patrimoine de mes peres* *. Je n'ai pas tant perdu, que l'on se l'imagineroit bien, à l'abandon volontaire de mes conquêtes ultramarines. Ces pays m'étoient plus

---

* La Lorraine.

à charge qu'ils ne me rapportoient , &
faisoient , tout au plus , la fortune de
quelques petits marchands ; ce qui est
au-dessous de moi.

Quoi de plus brillant , en revanche,
que mes états de terre ferme ; & de
plus doux pour un souverain , que
cette prérogative divine , de pouvoir
dire , dans toute l'étendue de ma domination : *Car tel est notre plaisir.* Où est
ailleurs le monarque qui puisse en dire
autant ! quand je n'ai point de bals
pour occuper mes danseurs au-dehors,
je fais danser chez-moi pour mon
amusement , les finances , les mos-
quées , les actions , les tontines & la
justice même. Je paye de fondation ,
les violons à Gothi - Bothnius , pour
faire semblant de donner le bal , lorsqu'il en est requis. Et si le jeune roi
des glaces veut être bon garçon , il aura
part au gateau. Pour le grand Llama :

je compte qu'en bon pere , qui aime
tendrement ſes enfans , il ne ſera pas
faché , qu'en ma qualité de fils-aîné
du ſaint pere , je prenne les rênes du
gouvernment de ſes petits domaines
enclavés dans mes terres ; * & que
les corſites ſes bons amis ſe mettent
à ſa priere , ſous ma protection. Les
nœuds des princes de ma maiſon une
fois bien reſſerrés , nous ferons danſer
nos voiſins à notre guiſe ; & le bal une
fois commencé , il deviendra à coup
ſûr le plus général & le plus magni-
fique de tous ceux qui ayent été danſés
de mémoire d'homme : voilà ſeigneurs !
tout ce que j'ai à dire.

----

* Le comtat d'Avignon.

CHAPITRE V.

Le Jardinier des Hesperides. N°. 5.

A L'INSTIGATION du grand Llama, ce sacré dépositaire des graces & de la colere des cieux, *je donnai dernièrement le bal à Luzitanus*, sans faire réflexion que c'étoit l'accabler sous les ruines du tremblement de sa capitale. Entr'autres prétextes très-graves, je fis sonner bien haut, celui de n'avoir pas voulu accepter ma médiation, pour se reconcilier avec ce pere en Dieu, ennemi du monde & des hommes. Je trouvai même légitime le ressentiment du pontif. Luzitanus avoit proscrit la bande des danseurs noirs, lesquels avoient comploté de l'assassiner. Quoi de plus juste de mon côté, au dire du Llama, que de trouver mauvais, que ce prince possédât plus long-tems en paix ce coin des Hesperides, dont mes prédécesseurs les avoient autrefois expulsés, & dont les siens avoient eu l'adresse de se remettre en possession ? le grand Llama donc me voyant dans ces dispositions favorables, s'ouvrit à moi & m'enseigna ce que les maîtres d'escrime appellent la botte secrette, & les joueurs de profession, le dessous des cartes. *Je passe sous silence, me dit-il, l'affront que ses devanciers m'ont fait essuyer, (e) de tems à autre, en faisant fermer leur boutique dans la sainte cité, & autres semblables qui valent bien la peine d'être mis en ligne de compte. J'avoue encore, qu'en bon chrétien, il rendit graces au ciel d'avoir été préservé de ses foudres, par un auto-da-fé * solemnel, où il assista avec madame sa femme, & dans lequel il n'y eut à mon grand regret, qu'en-*

---

* Jugement de l'Inquisition.

viron

viron une douzaine de victimes de brûlées vives. Passe encore jusques là ; mais une chose horrible , & ce que vous n'appercevez pas , c'est qu'il est hébreux dans l'ame ; & qu'il a fait épouser sa fille à son propre frere , en dépit de nos ordonnances ; comme s'il manquoit d'autres filles en Israël ! ne fut-ce que tant de princesses du sang divin des Llamas , avec lesquelles les plus respectables puissances de l'europe n'ont pas rougi de s'allier ; que vous faut-il d'avantage ? s'est-il fait le moindre scrupule d'appeller à son secours , les anges rebelles nos ennemis communs , pour la défense de ses états ? . . . Tel fut l'épanchement de cœur du Llama. Si les premieres raisons qu'il m'allégua m'ébranlerent ; je vous avoue , seigneurs , que les dernieres acheverent de me déterminer. Je laissai aux gallois le soin d'aller danser sur ses terres ; plutôt que je ne m'en mêlai directement , & à vous dire le vrai , je sentois une espece de vuide dans les motifs de cette guerre. Je me hatai de la terminer, fans autre dédomagement ni prétention.

Quelque tems après je reconnus mon erreur, ainfi que la rufe du Llama. *Ses danfeurs noirs* * voulurent auffi effayer leur favoir - faire fur ma perfonne, comme ils avoient fait à Luzitanus. Je bornai le châtiment qu'ils méritoient, à les chaffer de mes états ; cela me brouilla avec lui, qui craignant que les gallois ne fiffent caufe commune avec moi, & que ces précieux débris de fon empire, ne lui échappaffent : il s'efforça de raccommoder les pots caffés ; mais la mort le prévint. Le Llama d'aujourd'hui, n'époufant point la querelle de fon prédéceffeur, s'y prend de meilleure grace ; & nous vivons enfin

---

* Les jéfuites.

comperes & bons amis , jufqu'à nouvel ordre.

*Je pinçai l'année dernière , l'oreille au
pere Angélique* (*f*) croyant qu'il n'en
feroit que rire ; cependant , voyant
qu'il prenoit la chofe férieufement , je
lui en fis faire des excufes. J'ordonnai
à mes miniftres d'ajufter cette affaire ,
& de joindre à leurs négociations , quelques facs de houblon d'Efpagne , le
meilleur qu'il y ait au monde , pour
faire de bonne biere , qui eft la boiffon
favorite des anges : il m'a été rapporté
depuis , qu'ils m'avoient triché &
avoient partagé les facs avec les miniftres angéliques , fans que ni moi,
ni leur prince , en euffent le moindre
foupçon ; mais que la chofe foit vrai ou
-non , la négociation réuffit & le pere
Angélique s'appaifa.

Je crains bien pourtant que ce ne foit

un différé , & qu'il n'attende que nos péchés ne soient plus grands que les leurs , pour réveiller le chat qui dort. C'est ce que la suite du tems nous apprendra , comme je dois m'y attendre ; je suis prêt à tout événement, & j'observe la maxime salutaire : *si vis pacem, para bellum* !

CHAPITRE VI.

Lusitanus. N°. 6. (g)

Princes ! depuis que mes ancêtres se sont remis en possession de notre patrimoine, je n'ai gueres eu d'autres tracasseries à essuyer, que de la part du grand Llama & de ses amis. Les anges, qui le croiroit ! sans se brouiller avec le ciel, m'ont secouru contre ceux même, qui se disent les lieutenans du très-haut en terre. Je n'ignore pas les calomnies que ce saint homme s'efforce de répandre par-tout, que je suis un hébreux travesti. Je n'ai point de compte à lui rendre sur cet article, ni à qui que ce soit ; je suis roi. Si jamais mon peuple & mes voisins, pouvoient lever le bandeau, dont ces rusés pontifs leur ont fasciné les yeux

comme à tant d'autres nations , qui
ont brisé ses entraves , je ne serois pas
un des moindres figurans du bal pro-
chaïn ; maïs si ce grand ouvrage ne
m'est pas réservé , ce sera néanmoins le
plan invariable de mes successeurs ; jusqu'à ce qu'il soit consommé , soit dit ,
une fois pour toutes ; dansez tant qu'il
vous plaira , princes & seigneurs , si
vous en avez tant d'envie , pour moi
j'aime la paix & m'en tiens là.

CHAPITRE VII.

Le Pere Angélique. N°. 7.

Roi d'une nation belliqueuse &
libre, nous donnons le bal sur terre &
sur mer, (*b*) quand on nous y invite.
Contens de nos domaines, nous ne cherchons point à envahir ceux d'autrui,
& si nous acceptons quelque morceau de
terre de nos ennemis, ce n'est que par
forme de dédomagement & faute de
comptant ; lequel nous préférons à tous
les fonds qu'il faut défendre à la
pointe de l'epée. Nous dansions ci-devant avec la princesse de Pannonie, &
depuis sa désertion, nos forces, loin
d'être affoiblies, n'en sont que plus
formidables. Tant que les cattes & nous
resterons bien unis, nous défions tous
les danseurs du monde, de venir donner

le bal fur notre terrain. L'alliance des princes du nord, quoique moins dorée, nous eft plus utile & plus précieufe, que celle de ceux du midi. Nous effayames fous leur avant dernier roi, celle des gallois (*i*) qui, à la follicitation du Llama & à force de careffer notre reine, vinrent à bout de lui perfuader que ce feroit une bonne œuvre que de leur aider à exterminer les cattes. Ce bonze & fa fequelle en étoient au comble de la joye, & touchoient au moment de voir détruire l'ouvrage de près de deux fiécles : qu'en arrivat-il ? les gallois en furent pour leurs fraix & leurs foibles appareils de mer, & nous, nous n'y gagnames que les coups que l'amiral des cattes vint nous porter jufque dans la Thamife. Je vous parle, feigneurs, d'un tems un peu reculé ; c'étoit pendant la minorité du feu roi des Gallois ; mais je le tiens de mon grand-pere, à qui des témoins oculaires

en

en ont fait tout le détail. Depuis cette
époque, les cattes nous firent fentir
palpablement, que les rufés llamaniftes
cherchoient à nous faire entre-détruire,
& que de notre étroite union avec eux,
dépendoit notre confervation mutuelle.
Nous goûtâmes la folidité de leurs rai-
fons, & nous réfolumes fermement de
ne plus nous féparer déformais, quelques brouilleries particulieres qu'il fur-
vînt entre nous. Les helvétes, toute
amatiere au dehors, & tout génie in-
térieurement, nous en avoient fourni
l'exemple longtems auparavant. Les
gallois, à la vérité, gens fpirituels,
vifs, polis, impatiens, hardis, im-
périeux, fans fouoy de l'avenir & quelquefois impudens, ne ceffent de femer
la diffention & la jaloufie entre les
cattes & nous ; felon la louable maxime
d'état : *divide & impera* ; mais quoi
qu'ils faffent, ils ne viendront jamais
à bout de nous défunir, & nous n'ap-

prêterons plus à rire au Llama. *Le jar-dinier des hefperides envoya , l'année der-niere , fes ouvriers planter des choux dans un petit coin de nos terres fort écarté des autres* *. C'eft ce qu'il entend fans doute , par m'avoir pincé l'oreille. Je lui en fis dire un mot , & je le crois trop fage pour y revenir ; ou bien nous dan-ferons. Mon peuple , qui me croit in-dolent, parce que je préfére les avantages de la paix aux maux inévitables de la guerre , en murmura ; & les ennemis de la patrie & les miens, ont mali-cieufement répendu le bruit que mes miniftres , de concert avec ceux des hefperides , avoient partagé entr'eux , je ne fai quels facs de houblon , que ces derniers avoient ordre de me délivrer, pour ajufter l'affaire. C'eft l'appanage du peuple de blafphemer tout ce qui eft

---

* L'ifle de Falkland.

hors de sa portée, & de dévorer, du jour au lendemain, ce qu'il adoroit la veille: *odi prophanum vulgus & arceo.* Tout ce que j'ai à vous dire pour le présent, seigneurs & princes ! c'est que s'il y a bal général, je ne serai pas des derniers à m'y rendre.

CHAPITRE VIII.

Gothi-Bouhuns. N° 2.

LORSQUE j'aurai reglé mon bal do-
meſtique, je ſaurai avec qui & comment danſer au dehors ; ce que je ne
deſire pourtant pas. Le grand Guſtave,
de très-glorieuſe mémoire, donna le
bal en Germanie aux pauvres llamaniſtes ; & perſonne ne lui refuſe la
gloire, ni aux ſiens, d'avoir été les
meilleurs danſeurs de leur ſiècle : il
jouoit outre cela très-bien du violon, &
ne ſe contentoit pas d'une obole que
l'on a coutume de gliſſer dans les ou-
vertures de cet inſtrument aux pauvres
aveugles ; témoin la fameuſe coulevrine
du duc des Boyens, dont l'hiſtoire de
ce tems-là fait mention. Il ſavoit qu'elle
receloit dans ſon ventre, plus de quatre-

vingt mille ducats , l'unique espérance
de son prince , pour s'échapper à la four-
dine. Elle fut le prix d'un air nouveau
qu'il joua dans la capitale du duc , pour
le réjouir. Mais depuis ce tems-là , le
douzième Charles , ce danseur éternel ,
s'opiniâtrant à donner des bals sans fin
& jusqu'à perte d'haleine ; ses successeurs sentirent la nécessité de mettre des
bornes à ces furieuses danses. J'approuve
comme eux , ces sages réglemens , &
je traite avec les trois ordres de mon
royaume ; pour qu'à l'avenir tout aille
en mesure entre nous. Une seule chose
me fait peine , *c'est que la race des phari-
siens veuille se mêler de contrôler mes ordonnances* , tandis que je ne vois nulle part
dans les livres cabalistiques des J. Chris-
tiens , que ce grand législateur , ni les
apôtres , se soient jamais immiscés dans
la direction des bals souverains. Je vois
tout au contraire dans leurs codiciles ;
qu'ils ont témoignés , avant leurs décès,

une parfaite réſignation à la volonté &
aux ſtatus des rois. Je ſens très-bien
que le ſceptre ne peut ſubſiſter ſans l'encenſoir, c'eſt-à-dire ; qu'un état ne peut
être heureux , ni bien cimenté , qu'en
joignant une piété ſolide à la force.
J'accorde , auſſi volontiers , le double
honneur que l'on ne peut raiſonnable-
ment refuſer à ceux qui s'acquittent di-
gnement de leur miniſtere ; mais , que
des ouvriers d'un royaume qui n'eſt
point de ce monde , veuillent empléter
ſur la charge des ſouverains , & croiſer
des réglemens ſalutaires , qui ne ten-
dent qu'à la conſervation de leurs ſujets ;
c'eſt à mon avis une atteinte inſuppor-
table , & à laquelle tous les potentats
de l'univers doivent s'oppoſer de tout
leur pouvoir. Pour y remédier , princes
& ſeigneurs , mes très-chers freres , qui
avez pour la plûpart la même épine dans
le pied ; remontez à la ſource du mal ,
parcourez tous les pays du monde , où

l'on chante grec , latin , ou en langue
vulgaire : vous y verrez que ces dévots
gagiftes , qui ne fubfiftent que de la
fondation des princes , & conféquem-
ment de la fubftance des peuples , s'en
font accroire , & s'arrogent des droits
au-deffus des fouverains mêmes. Les
bénéfices & les dignités annexés à leurs
fonctions, font prodigués : & à qui ?
à des ames pieufes & véritablement em-
brafées du zèle de la maifon de Dieu ?
à des ames capables d'en difpofer avec
charité & difcernement ? Non ; il s'en
trouve à peine une fur mille. Eft-ce à des
fages , eft-ce à des fçavans fans fortune ?
encore moins. A qui donc ? à des fainéans
de famille propre à rien du tout ; à des
ergoteurs favorifés , à des favetiers, à
des valets, à des gens fans aveu : le dirai-
je ? à des grands qui, pour favorifer leurs
parens , & fouvent leurs bâtards , re-
vendiquent les patrimoines facrés que
leurs ancêtres ont bêtement abandonnés

à ces madrés dévots ; & dont la postérité voit l'abus aujourd'hui. Les titres
fastueux , dont il falloit décorer la vanité
des grands & revêtir également la racaille
de cette robe ; les saintetés , le éminen-
tes , les révérendissimes , the rev^d. lord
of L——n , dont je pourrois vous faire
une histoire , si c'étoit ici le lieu. Enfin,
ce corps d'état qui touche , d'une de ses
extrêmités au sceptre , & de l'autre à la
boue , est le serpent tortueux que tout
le monde voit , & que personne ne connoît. Mais , revenons au bal futur.
Nous ne cherchons point à danser ; à
moins que la nécessité ne nous y contrai-
gne ; ou que les gallois., qui nous payent
un tribut annuel pour nous montrer au
besoin , ne nous en requièrent. Nous
pourrions profiter de leur bonne volonté,
s'ils pouvoient porter leurs violons jusques dans les états de la princesse de
Belle-More ; mais c'est trop loin pour
eux : ils ne donnent le bal qu'à leurs
voisins ,

voisins, excepté aux helvétes. Cette nation danse de profession pour tout le
monde en payant...... Je me contenterai
donc d'exercer chez moi mes danseurs,
à telle fin que de raison. Je m'applique
à présent à faire le bonheur de mes peuples ; c'est ce que j'ai de mieux à faire.

CHAPITRE IX.

Le Roi des Glaces. Nº. 9.

DE retour de mes courſes , j'ai par-
couru la plus part des terrains propres
à danſer : & tout bien compté , je trouve
qu'il n'eſt rien de tel que de danſer
joyeuſement chez ſoi. *Mes ancêtres dan-*
ſoient autrefois à leur fantaiſie : mais ſou-
vent ſans meſure ni cadence , & mettoient
tout le bal en combuſtion. Les moucheurs
de chandelle trouverent le moyen de
leur perſuader , qu'il en falloit choiſir
quelques-uns , d'entr'eux des plus ex-
perts , qui leur prétaſſent la main ;
mais le bal alloit encore plus mal. Ces
malins moucheurs donnoient en cabrio-
lant, de coups de pieds aux autres, ſans
que le roi s'en apperçût. Quelques-uns
même au lieu de le conduire à la

main , le prenoient par le nez & le menoient par tout où ils vouloient. Les muficiens fe plaignirent & dirent tous, d'un commun accord, que le bal, quelque défectueux qu'il fût auparavant, alloit beaucoup mieux fous la direction d'un feul. Et pour faire lâcher prife aux moucheurs, ils donnerent tant de coups d'archet fur les ongles à ces nouveaux directeurs, qu'ils furent contraints de laiffer danfer & régir le roi en liberté. Depuis ce tems-là, les princes danfant en cadence & les muficiens jouant en mefure, le bal alla de mieux en mieux; mais comme on s'ennuie de fe trouver toujours vis-à-vis des mêmes objets, je détache de tems en tems de mes danfeurs, tantôt vers le nord, tantôt vers le midi, pour voir le monde & fe perfectionner dans l'art; ils donnent en paffant quelques bals aux feigneurs africains. J'en envoie d'autres jufqu'aux indes orientales,

F ij

pour en rapporter des rafraichiſſemens.
Je fais mon occupation favorite de donner à mon peuple, les moyens de
corriger la rigueur de notre climat, &
l'ingratitude du ſol, Je tâche de procurer aux gens de tout âge & de tous états,
les moyens de ſubſiſter ; cela vaut à
mon avis, tous les bals du monde.
Mais s'il faut abſolument que je ſois de
quelques-uns : je ferai en ſorte d'y figu-
rer avec décence.

CHAPITRE X.

Le Roi des Sarmates. N°. 10.

PARVENU au trône, à la pluralité des fuffrages des magnats de mon royaume, je me propofoit l'unique félicité, de ramener l'union & la concorde entré mes muficiens, mes danfeurs & mes fujets ; en mettant plus d'égalité dans les dignitaires d'entr'eux. Je defirois que l'on jouât en Sarmatie, des danfes de tous pays indifféremment ; grecque, latines & autres ; excepté les chans en Néguinoth qui ne font plus de mife depuis David : mais le grand Llama, ce dieu poftiche, qui prétend que fa mufique foit l'unique que l'on doive chanter dans ce monde, & qui verroit volontiers l'univers renverfé, plutôt que de fouffrir qu'il y en eût d'au-

tres fur les terres de fon obeiffance,
a mis la défolation dans mon royaume.
Il m'en avoit-ménacé dés avant mon
élection ; bien inftruit par fes émiffai-
res, que je n'étois pas homme à être
la dupe de fes charlataneries. Auffi,
après avoir fait tous fes efforts pour
m'exclure de la couronne, & favorifer
les intérêts de certaines puiffances, il
jetta feu & flammes dès qu'il apprit
que l'œuvre étoit confommée. Si je re-
fufe de lui payer la taxe, qu'il lui plaît
d'appeller le denier de faint Pierre, c'eft
que je n'ai lu nulle part, que les apôtres
ayent mis des impôts fur les fouverains.
Leur divin maître, au contraire, leur
a ordonné de rendre à Cæfar ce qui appartient à Cæfar ; & fi les princes,
dans la fuite les en ont affranchis,
ç'a été pure grace de leur part ; & parra-
port à leur indigence. Je foutiens donc
que ceux qui fe font rendus les tribu-
taires de ce béatiffime, ont été des fots

qui ont dérogé à la majesté des rois. Les pontifes & les prophétes n'ont jamais usurpé ce droit. Nathan, envoyé de l'éternel, pour faire sentir à David son crime, loin de l'anathématiser & de le proscrire arrogamment, se prosterna humblement devant lui, & usa d'une parabole touchante; pour lui exposer sa commiffion. Le faint homme de ces derniers tems, tout au rebours, non content d'avoir fait soulever une partie de mes sujets contre l'autre, n'a pas fait scrupule d'exciter fous main, l'ennemi déclaré de la chrétienté, pour me faire la guerre. Sans le secours de la princesse de Belle-more, qui a lâché ses danseurs pour aller le relancer jusques dans ses états : il eut infailliblement inondé mon royaume, actuellement affligé de la peste & de la famine, d'un déluge de sang. Je passe sous silence les ménées sourdes du prince de Gallinie ; quoi que j'en sache des nouvelles si cer-

taines ; que je pourrois au befoin, dé-
cliner les noms de ceux qui ont été
chargés de cette honorable négociation.
Mais jufqu'ici bagatelle. Ne frémiffez-
vous pas, feigneurs & rois, à la vue des
moyens extrêmes & perfides, dont les
llamaniftes uferent de tout tems, envers ceux qu'ils ne peuvent retenir dans
leurs filets ? n'êtes-vous pas témoins du
dangéreux complot, dont la providence
feule vient de me garantir tout récemment ? Que vous faut-il de plus pour
vous défiller les yeux, une fois pour
toutes ? & vous prince de Gallinie !
qui êtes enfourné dans cette bénite fequelle : dites - moi de graces ! comment font péris les Henris vos ancêtres ? & quel fort avez-vous failli fubir
vous-même ? Oh ! que les trames de ces
bonzes font finement ourdies ! quel art
diabolique, de perfuader aux rois de
baifer la main de leurs affaffins, & d'é-
crafer leurs libérateurs ! Mais je me

laffe

blle du récit de tant d'horreurs ; c'est
à vous, princes ! à veiller, plus que
jamais, à votre conservation. Vous
en avez affez vu ; & moi je vous en ai
affez dit. Si vous trouvez tant d'agré-
ment aux bals, danfez ; bien vous
faffe.

CHAPITRE XI.

Le Prince des Monts-Ignés. Nº. 1.

PAISIBLE danseur, éloigné des grands
bals, je garde mes côtes souvent infes-
tées de certains afriquains, danseurs
de contrebande, que l'on auroit bientôt exterminés, si tous les musiciens de
l'europe vouloient être d'accord ; mais
chacun a ses raisons & ses intérêts. Sans
faire aucune spéculation sur le bal prochain, je tâche de retirer des griffes
du grand Llama, le patrimoine de mes
ancêtres : je prendrai plus de soin de le
conserver qu'ils n'ont fait. Je m'en
tiens-là.

CHAPITRE XII.

Le Duc des Allobroges. N°. 12.

LE grand Llama porte, à ce qu'il dit, les clefs du ciel & de l'abyme, mais moi je puis me vanter d'avoir celles de tout le Tartum. Les danseurs que j'ai favorisé, ou auxquels j'ai été contraire, en font fentir la différence, soit pour aller donner le bal au-delà des montagnes, ou pour leur retraite. Les prisonniers promettent toujours monts & merveilles aux guichetiers, pour le passage ; mais dès qu'ils font élargis, leurs promesses s'évanouissent. J'ai montré plus d'une fois mon savoir faire dans le métier, & je défie que l'on trouve ailleurs un bal mieux ordonné que chez moi. Si je ne suis pas opulent, je tâche

au moins d'être honnête & vertueux.
J'ai plus besoin de repos que de gloire.
Si vous avez envie de danser, seigneurs,
le champ est libre.

CHAPITRE XIII.

N° 13.

QUELQUES échantillons que j'aie donné de mes talons, je ne prétens dis-puter la gloire de bien danser, à qui que ce soit. Tous les pays ont produit des héros, & mauvaises a eu les siens. Ce n'est pas le tout de savoir danser, si la prudence & l'équité ne regle nos pas. Il me siéroit mal de faire le récit, & encore moins, l'éloge des exploits de mes ancêtres. Vantera qui voudra les miens; il est d'autres endroits par où j'ai tâché de me distinguer. Chacun sait que j'ai cultivé, dès ma tendre jeunesse, la science des mages; les langues de diver-ses nations, la jurisprudence, les belles-lettres, la politique, l'art militaire, l'économie, & généralement toutes les

connoissances , où l'esprit humain puisse
atteindre. Un prince ne sauroit être trop
éclairé , ni trop connoître le monde ;
trop heureux encore , s'il se connoît lui-
même. Je crois avoir eu tous ces avantages ; ou du moins je les ai toujours
recherchés. Pour dire maintenant mon
avis , sur le bal en question , je pense
à peu-près comme la reine de Pannonie,
& je préfère désormais le repos, à la
vaine gloire de troubler celui des humains.
Les jeunes princes sont , à mon avis,
très-malheureux de s'y engager trop lé-
gèrement ; & mes contemporains bien
davantage , de s'y voir entraînés contre
leur gré. J'ai appris , de plus , à ne pas
dire tout ce que je pense. S'il faut abso-
lument danser : alors comme alors. Je
verrai.

CHAPITRE XIV.

Les Helvétes. N°. 14.

Les portes de nos salles sont si bien
dites, que ce seroit témérité d'entre-
prendre de les forcer. Nous donnons,
à nos danseurs, la permission d'exercer
leur art dans tous les coins du monde,
& nous ne cherchons point à empiéter
sur le temple d'autrui. Les hauts faits
de nos devanciers sont plus anciens que
tous les faites de la chriftianité. Le
grand Lhama qui aime beaucoup le fromage de fuiffe (fans contredit le meilleur de toute la terre) prétendit jadis
remettre sous son joug, ceux d'entre
nous qui l'avoient heureusement secoué.
Il suscita tous ses partisans contre leurs
freres, pour les exterminer, ou les forcer à revenir à son bercail (comme il

fait aujourd'hui en Sarmatie). Mais après plusieurs combats sanglans, où ils furent frottés d'importance, ils reconnurent enfin, qu'il ne falloit pas s'entre-égorger pour l'amour de Dieu. Depuis ce tems-là, ils nous promirent de rester inviolablement unis avec nous, en vers & contre tous. Nous leur donnames en équivalent, la permission de croire, que des vessies sont des lanternes, & de recevoir les bénédictions du Llama, à travers les airs, à condition néanmoins, qu'à l'avenir, ils ne lui enverroient plus de fromage, qu'argent comptant, comme aux autres. C'est ce qu'ils ont fidélement observé jusqu'ici. Nous avons eu aussi, depuis peu, quelques petites brouilleries avec le prince de Gallinie, au sujet des franchises, dont nous devons jouir sur son terrain ; & depuis quelque tems nous nous appercevons que messieurs les gallois, si jaloux de leur gloire, nous

cédent

cèdent prefque tous les honneurs des combats ; en nous expofant par tout aux poftes les plus dangereux. C'eft du moins la manœuvre de la derniere guerre. Tout cela a tellement refroidi plufieurs de nos compatriotes , qu'il s'en eft trouvé , qui ont rappellé tous leurs dan- feurs de Gallinie , avec défenfe d'y re- mettre jamais le pied , fous peine d'in- famie & de baniffement perpétuel ; & que tous en général , ont refufé de re- nouveller l'acte folemnel de notre al- liance , que l'on avoit coutume de réi- terer tous les cent ans. Nous avions outre cela , de tems immémorial , un fils de roi ou un prince du fang pour généraliffime de nos guerriers , au fervice de cette couronne ; mais depuis qu'on leur a fubftitué un gentilhomme lotha- ringien , que nous n'avons pas voulu re- connoître , ni ne reconnoîtrons jamais : nous avons fait ce que vous favez. Tout cela , feigneurs & princes n'empêche pas

H

que vous ne donniez le bal où bon vous semblera : nous en serons toujours, pourvu que vous payez graffement les violons. Vous connoiffez ce proverbe : *Kein Geld , kein Schweitzer.*

CHAPITRE XV.

Les Cythriens. Nº. 15.

Nous sommes, depuis les romains, les plus anciens républicains connus. Si leurs sénateurs parurent autant de rois aux ambassadeurs de Pyrrhus, les nôtres en ont donné à Cytére & à la patrie du grand Jupiter. Le gouvernement de notre fameuse cité, l'étendue de notre commerce, & le degré de nos forces, sont des choses reservées à nous seuls. Nous avons eu le courage, comme on le fait, de montrer les dents *à ce prince oriental, qui prétend aux hommages de tous ceux de l'europe, sans en vouloir rendre à personne.* Si les autres puissances, jalouses de notre gloire, eussent entendu leurs propres intérêts, elles se fussent fait un devoir, de soute-

H ij

nir les nôtres. Nous laiſſons à l'exemple des cattes, chanter toutes les
nations à leur mode ſur notre terrain ,
ſans nous en formaliſer , pourvu que cela ſe faſſe avec bienſéance & ſans éclat ;
mais nous voulons , en revanche , que
les étrangers s'abſtiennent de faire des
commentaires ſur notre gouvernement
& ſur la religion du pays. C'eſt bien le
moindre tribut , que l'on doive à l'hoſ-
pitalité , & à cette liberté précieuſe ,
dont on jouit chez nous. Le grand Llama
prétendoit jadis , nous faire chanter
à ſa guiſe ; il étoit même parvenu au
point , d'établir ſes ſacrés bourreaux dans
le ſein de notre patrie ; mais depuis
que nos philoſophes & entr'autres ,
l'infortuné *fra Paolo Savonarola* nous ont
deſillés les yeux : nous lui avons tellement rogné les ongles , qu'il eſt aujourd'hui obligé , malgré lui , de faire
patte douce, quand il a quelques intérêts
à démêler avec nous. Les fiers danſeurs

du nord , qui voguent vers l'archipel,
nous font quelques fois l'honneur de
venir se rafraichir chez-nous , en passant ; quoi qu'un peu écartés de la
grande route. Mais si par un revers de
fortune , les orientaux obligeoient ces
hôtes incommodes , à rebrousser chemin,
nous espérons qu'ils ne pousseroit pas
la politesse jusqu'à les reconduire si loin.
Nous penfons tout au contraire , qu'ils
se quitteront dans peu bons amis , &
qu'ils seront fort aises les uns , d'être de-
barassés , & les autres de s'en retourner.
En effet , il fu de tous les bals du monde,
est qu'après avoir bien dansé , chacun
n'aspire qu'au repos. Pour nous , bien
loin de songer à donner le bal , nous
faisons tous nos efforts , pour nous en
dispenser , & éloigner de nos frontieres,
tous les danseurs du monde.

CHAPITRE XVI.

Les Plénipotentiaires.

Si les cythériens ont jadis donné des rois à la patrie de la mere des Amours, il a été un temps, où nous avons détrôné & emmené captifs, un de ces mêmes rois avec sa reine. C'est avec autant de douleur que de vérité, que nous nous rappellons ces tems barbares, où cette infortunée dame fut obligée de faire l'humiliant & pénible métier de blanchisseuse, pour le soutien de sa misérable vie & de celle du roi son mari, notre prisonnier. Cette époque paroît incroyable, de nos jours; mais elle ne doit pas être ignorée de ceux qui savent l'histoire des croisades & du royaume de Chypre. Laissons tomber la

pirlo fur ces fcènes affligeantes. Nous
eumes , depuis, l'art de nous faire
plus craindre que refpecter. Le bal
que nous donna le feu prince des gallois , rabattit beaucoup de notre orgueil,
& nous fit reffouvenir , que notre puif-
fance , de même que celle des farazins
& de bien d'autres empires , ne tiroit
fouvent fon origine , que de brigans &
de corfaires , lefquels dans la fuite,
policés & aguerris , devinrent ce que
font devenus les autres. Maîtres d'une
ifle , qui vouloit des maîtres débonnaires
& équitables. Nous preffames trop l'anguille qui nous échape fans retour.
Notre métropole , porte encore aujour-
d'hui le nom de fuperbe ; mais ce n'eft
plus que des marbres précieux , dont les
édifices font décorés : l'on fe trompe-
roit fort de l'entendre autrement. Nous
favons nous apprécier , nous ne cro-
yons cependant pas mériter le proverbe défobligeant : *terra fenza legna ,*

mare senza pesce, gente senza fede. C'est trop outrer les épithétes ; mais, pour revenir au bal ; les gallois les donne, pour nous, aux corsiques , & nous ne pensons prendre aucune part aux autres.

CHAP. XVII.

CHAPITRE XVII.

Les Cattes. N°. 17.

La tyrannie eſt un joug ſi odieux, qu'il n'eſt point de créature ſenſible, qui n'aſpire à s'y ſouſtraire. Si la cruauté s'y joint, comme elle en eſt preſque toujours inſéparable ; les brutes même ſe revoltant. Il n'eſt donc pas étonnant, s'il arrive, de tems à autre, des révolutions éclatantes, dans les empires les plus puiſſans, & cenſés les mieux affermis. L'époque de notre liberté, eſt pour ainſi dire, ſi récente, qu'il ne faut pas remonter bien haut, pour aller juſqu'à la ſource. Il n'eſt aucun d'entre vous, princes & ſeigneurs, qui ignore ces choſes, & comment les heſpériens, grand llamaniſtes s'il en fut, avoient réſolu de nous accabler, ſous le poid de la danſe ; mais ils furent eux-même , ſi étourdis de la vigueur avec laquelle nous danſames , *qu'ils demande-rent à la paix monaſteriene à ſe retirer du bal dès minuit ; tant ils eurent peur que le jour ne les ſurprît.* Le prince des gallois , dernier décédé , avoit auſſi bien réſolu de nous exterminer ; déjà , ſes danſeurs étoient répandus dans nos marais , après avoir fait des prodiges de valeur , pour y arriver. A l'approche de nos amis du nord , qui nous ſecoururent aſſez à tems , ils rebrouſſerent chemin avec tant de précipitation , que ſes gens furent obligés de fourrer leur bon Dieu & ſa ſainte mere , avec tout le ſacré bagage dans un caiſſon ; pour les ſauver des maudits hérétiques , qui leur donnoient la chaſſe. Ceux-ci , cependant dans leur pourſuite , ne penſoient à rien moins , qu'à ces divines babioles. Mais une roue du bénit fourgon ayant fait la ré-vérence , & l'eſcorte ſentant ces excommuniés sur leurs talons : laissa, sans balancer, aux idoles & aux bonzes le soin de leur délivrance, & s'enfuirent à toutes jambes. Telle fut la découverte de ces précieuses guenilles, & la derniere irruption de ce grand prince de Gallimie dans nos états. Après quoi, nous eumes paix & repos. Lorsque les autres puissances font en branle, nous nous contentons de nous tenir sur nos gardes ; & de porter des rafraichissemens indifféremment à tous les danseurs, amis ou ennemis, pour leur argent. Nous avons une musique réglée pour notre état, & nous n'admettons aux charges du gouvernement, que ceux qui la savent chanter ; mais loin de gêner personne, nous laissons à un chacun la liberté de dire des chansons à sa mode : hébreux, grecs, cophtes, latins, tous font les bien-venus chez nous. Nous avons cependant, toujours l'œil ouvert sur les démarches des

llamanistes , avec lesquels il ne peut
y avoir de paix assurée ; leur damnable
maxime étant , comme on le sait :
hereticis fides servanda non est. Quel scrupule peuvent avoir , en commettant le
crime , des gens persuadés , que le
grand Llama a le pouvoir de pardonner
le parjure , & de délier du serment de
fidelité ? Les honnêtes gens d'entr'eux ,
éduqués par leurs bonzes , croyent
fermement , que ce sont des contes in-
ventés , pour les calomnier ; mais
quand toutes les histoires , anciennes &
modernes , ne déposeroient point le contraire , & que les peuples infideles même
ne leur feroient pas ce reproche : Jugez ,
de graces , seigneurs ! si l'attentat com-
mis sous vos yeux , sur la personne du
roi de Sarmatie , est une fable ! & si ce
seul exemple ne devroit pas vous suffire,
pour vous guérir de votre aveuglement !
en voulez - vous un autre de même
trempe , aussi récent que le premier ?

Ignorez-vous l'assassinat du malheureux ar-
chevêque de Moscovie , pour avoir osé re-
sister à l'idolâtrie & au fanatisme ? la sou-
veraine a fait punir, à la vérité, les scélé-
rats auteurs de sa mort ; mais elle de-
voit, à notre avis, avoir fait reduire
publiquement en cendres , par la main
de l'exécuteur , la pagode qui y a
donné lieu , & ne pas la replacer dans
un temple , pour y recevoir de nouvelles adorations. Il faut arracher le mal
jusqu'à la racine ; si non , c'est toujours
à recommencer , & toujours de nouveaux crimes. Oh ! princes & seigneurs, qui entendez ceci , ne méprisez
pas notre avis , & si votre sagesse &
votre générosité ne vous permettent pas
de présumer le mal , que l'expérience
du passé vous serve , au moins , pour
l'avenir : si vous avez tant soit peu à
cœur votre sûreté & celle de vos sujets , soyez en garde contre ce fanatisme ; ce zèle infernal , qui fit dans

tous les âges ; ruiſſeler le ſang des juſtes:
penſez , que vous nourriſſez dans votre
ſein , des milliers de ces monſtres dé-
guiſés , toujours prêts à vous dévorer,
à la premiere occaſion. Loin de vous en-
dormir ſur cette branche politique de
votre gouvernement ? détachez quelques ſages , d'entre vous ; pour en
faire la recherche ; peut-être les trou-
verez - vous en ſi grand nombre, que
vous en frémirez. Le ſerpent tortueux
à ſes replis , il ſe tapit il s'élance ; en
un mot , faites comme nous ; ayez,
plus que jamais, l'œil ouvert ſur un
objet dont dépend votre conſervation :
ſerò medecina paratur. Nous ne pouvons
vous dire notre avis d'avance, tou-
chant le bal projetté. Nous danſerons
ou nous ne danſerons pas ; ſelon les circonſtances & la néceſſité des tems.

CHAPITRE XVIII.

Les Princes-Laviniens. N°. 18.

Nous préférons les délices de la campagne aux plaifirs de vos danfes ; les nôtres ne refpirent que l'amœnité ; & nous ferions fort aifes, que l'on ne troublât pas notre repos. Nous tenons à des danfeurs, dont le fort fait le nô-tre. Difpenfez-nous, feigneurs, de dire notre avis fur un bal, auquel nous fouhaitons n'avoir aucune part.

CHAPITRE XIX.

Les trois Pucelles du Latium. N°. 19.

IL n'eſt pas de la décence de filles bien nées, de ſe trouver dans les bals publics. Nous ſommes trois ſœurs, qui chériſſons le célibat, la retraite & la liberté. Chacune de nous à ſon habitation particuliere. Nous en ouvrons les portes fort tard ; & nous les fermons bien avant la nuit, de crainte que les galans ne ſe gliſſent chez nous. Vous connoiſſez, princes & ſeigneurs, notre état & nos facultés ; il ſeroit ſuperflu d'en dire davantage. *Une choſe plaiſante ! c'eſt qu'une d'entre nous, tout au rebours des coquettes ſurannées, qui ont un amant à gages, paye deux galans, pour ſe tenir toujours éloignés d'elle.*

CHAP. XX.

CHAPITRE XX.

La Femme aux trois Maris. N°. 20. (*k*)

Nous avons tâché jusqu'ici, comme Pénélope, de vivre en bonne intelligence avec tous les galans qui nous ont recherchés. Un seul d'entr'eux, séduit par le grand Llama, plus hardi que les autres, conçut le dessein de nous enlever, à la barbe de ses rivaux. Ses allures furent si secretes, & ses batteries si bien disposées, qu'il s'étoit déjà glissé dans notre appartement, lorsqu'une de nos femmes, en chemin faisant, peu accoutumée à voir des danseurs étrangers à pareille heure, crut que c'étoient des voleurs. Elle s'épouvanta & poussa des cris, qui reveillerent nos gardiens endormis. Ceux-ci, sûrs d'avoir fermé la porte, ne pouvant comprendre, par où ces nouveaux venus avoient pu passer,

K

en jugerent de même ; & donnerent l'allarme dans toute la maison. Ces coquins, après avoir escaladé les murs, devoient ouvrir la porte à leurs camarades, qui étoient aux aguets. Pour leur en épargner la peine & faire perdre aux autres, l'envie de les suivre ; nous les fîmes tous attacher, chacun au bout d'une perche, & nous les plantames, dès le lendemain dimanche, sur nos remparts. Leurs camarades ne demanderent pas leur reste, & plierent bagage. Depuis cette époque, nous avons pour maxime inviolable, de ne laisser établir aucun Hamanifte dans notre maison : ils ne peuvent même y séjourner, que du jour au lendemain, sans notre permission expresse. Nous l'accordons cependant, volontiers & sous bonne caution, aux voyageurs qui desirent y faire quelque séjour ; pour vaquer à leurs affaires, ou satisfaire à leur curiosité. Nous avons épousé trois

maris *ad honores* ; à condition , qu'aucun d'eux ne prétendra à notre couche ;
ni ne s'ingérera dans nos affaires do-
meſtiques. Celui qui voulut dernièrement ſe mêler d'une petite brouillerie
de famille , fut prié , fort honnête-
ment , de s'en tenir aux clauſes du con-
trat ; il prit cette démarche pour un
refus de ſa puiſſante médiation. Pour
nous en punir, il délibéra de barrer notre
commerce , par l'établiſſement d'un
port qu'il ſe propoſe de bâtir dans notre
voiſinage ; & auquel il accorde de
grandes franchiſes. Mais (ſoit dit à l'o-
reille) il faut des finances ; & ſi jamais
il en a de reſte , nous ſommes très-aſſû-
rés que ce ne ſera pas là , où il les pla-
cera. Quand au bal projetté , princes &
ſeigneurs , ſi vous avez envie de danſer;
vous n'avez nullement beſoin de notre
avis, pour des femmes, vous en trouve-
rez par tout. Nous ne danſons ni ne
couchons avec perſonne.

K ij

CHAPITRE XXI.

La Rue de Prêtres. N°. 21.

SEIGNEURS, nous sommes, comme vous le savez très-bien, les danseurs privilégiés du grand Llama, & ne chantons que sa musique. S'il ne vous faut que des bonzes pour donner le ton, des demoiselles pour danser, & des gougeats pour vous servir : ordonnez ; il ne manque chez nous, ni prêtres, ni catins, ni gueux : c'est tout ce que nous avons à vous offrir,

CHAPITRE XXII.

Saladin. N°. 22.

Lorsque je résolus d'appuyer les confédérés de la république des sarmates, ce fut, de ma part, un acte de justice, pour faire valoir le titre de protecteur de ce royaume, que ces illustres oppressés reclament aujourd'hui. Je pressentis, à la vérité, que le roi élu pour la forme, mais dans le fond intru par une puissance formidable, contre le gré de la nation, ne manqueroit pas d'appui. Je me flattai, qu'à l'aide de sarmates aggueris & qui manient les mêmes armes que nous, nous n'aurions que quelques partis détachés de cette même puissance à dissiper ; sans entrer en guerre ouverte. C'est dans cette confiance & à la sollicitation du

prince des G * * *, du grand Llama &
d'autres que je veux bien taire ; que
je me suis attiré cette mauvaise affaire.
Mais, quelle imprudence à moi, (& à
mon divan) d'avoir réveillé le chat qui
dort, & fourni moi même, à ces rusés grecs, le prétexte de me mettre
dans mon tort ? Le prince de Germanie,
les armes à la main sur ses frontieres,
me paroît jusqu'ici plus honnête homme que monsieur son grand pere. Qui
sait quel est son but, & s'il n'attend
pas que je succombe, pour me porter
le dernier coup ! Cependant ne présu-
mons point le mal. S'il a de l'honneur,
comme je le pense, il ne doit point
nous faire ombrage. Je le prie pourtant
de remonter jusqu'à la bataille de la
Warna ; où Amurath, l'un de mes glorieux prédécesseurs, qui s'en retournoit
paisiblement, sur la foi jurée de part &
d'autre, faillit à être exterminé, par
le conseil du traitre Julien, légat du

Llama. Depuis ce tems là , n'avons
nous pas bien raifon de nous méfier des
llamaniftes , comme des grecs ? nous
nous tiendrons donc fur nos gardes ; fur-
tout d'après la rupture de la derniere
tréve. Oh ! que le divin prophéte l'a
bien prédit , qu'il n'y auroit jamais de
paix affurée fur la terre , que la race des
infideles ne fût entiéremënt exterminée.
Mes ancêtres ont négligé ces avis falu-
taires , ils fe font fourvoyés , & nous
fubiffons aujourd'hui le châtiment de
leur défobeiffance. Croyez-moi , princes , je penfe très-férieufement à terminer le bal qui défole mes contrées.
Mais à peine fera-t-il fini chez moi ,
qu'il recommencera chez vous ; profitez
de mon avis.

CHAPITRE XXIII.

L'Isle de Solée. N°. 23.

PEUPLE né libre, indépendant,
nous avons cru en nous donnant aux
phœniciens, prendre un parti avanta-
geux à notre patrie. Jaloux de notre liberté, mais trop foibles pour refister à
des ennemis puiffans : notre intention
ne fut alors que de nous choifir des pro-
tecteurs, capables de nous fécourir &
nous aider à nous défendre ; & non,
des tyrans, pour nous opprimer. Nous
voulumes bien leur faire hommage &
les reconnoître en qualité de vaffeaux,
mais non comme efclaves. Tout alla
affez bien dans les commencemens. Par
la fuite, ces orgueilleux patrons, loin
de refpecter les conditions du traité, &
les priviléges que nous nous étions refer-
vés :

yés : s'erigérent peu à peu en defpotes ,
& nous euffent enfin accablés , fous leur
joug odieux , fi nous euffions été d'humeur à l'endurer plus long-tems. Ils
ont eu raifon de dire , qu'à force de
preffer l'anguille , elle leur eft échapée.
Ne pouvant donc nous retenir plus
long-tems , dans les fers , loin de cher-
cher à rétablir les chofes fur le pied des
anciennes conventions , ce qui étoit la
feule grace que nous leur demandions :
ils nous ont lâchement livrés à la nation étrangere , qui nous défole aujour-
d'hui , & à laquelle nous jurons une
guerre éternelle. Oui , nous leur dirons
toujours en face , *farete forfé padroni del
paefe , mà non lo farete mai della gente.*
Ce qui veut dire : *peut-être pourrez-vous
envahir notre pays , mais vous n'aurez jamais le cœur des habitans.* Hé ! de quel
droit ces infolens républicains ont-ils
ôfé difpofer , en faveur d'autrui , d'un
héritage qui ne leur appartient pas ?

L

Nous ont ils subjugués ? nous ont-ils conquis ? nous ont-ils achetés ? la nation turbulente, que le démon de la danse agite perpétuellement, n'a-t-elle pas honte de venir fondre sur une poignée de pauvres insulaires, tandis qu'elle s'est laissée dépouiller par les anges de presque toutes ses possessions d'outre mer. Croit-elle que notre bicoque puisse la dédommager de ses pertes, ou qu'elle soit digne d'occuper le loisir de ses danseurs ? Patience, le tems viendra, & peut-être plutôt qu'ils ne s'y attendent ; qu'ils n'en auront pas de reste, pour empêcher leurs voisins, de venir danser chez eux, & que le ciel, excédé de leurs cruautés, leur donnera le bal à leur tour. C'est ce que nous espérons de la justice de notre cause & de la bénédiction du saint pere, à qui nous souhaitons long régne & félicité.

CHAPITRE XXIV.

Les Afriquains. Nº. 24.

Danseurs de contre-bande, comme l'a très-bien dit le prince des Monts-Ignés, nous vivons de notre métier, comme bien d'autres. Si nous différons pour la forme, n'est-ce pas la même chose dans le fond ? Ainsi, de corsaires à corsaires : salut. Si vous êtes aussi puissans que vous voulez nous le faire accroire, que ne nous donnez-vous les moyens de devenir honnêtes - gens, & nous ferons comme vous. Nous changerons de nom, & au lieu de celui de brigands dont vous nous décorez, nous prendrons celui de tyrans, que vous trouvez plus honnêtes. Nous ne sommes venus ici que pour nous justifier ; une fois pour toutes, des calomnies que vous débitez fur notre compte. Permettez-nous donc de vous dire nos raisons, avec franchife & fur vôtre parole d'honneur, qui n'eft gueres qu'un terme d'ufage parmi vous, que vous ne vous fâcherez point. Vous nous donnez la chaffe comme à des voleurs, paffe pour cela. Mais, croyez-vous meffieurs, que, quoique barbares, nous ignorions le proverbe que les efclaves, que nous faifons fur vous, nous répétent fans ceffe, pour adoucir leur fort : *ne faites à autrui, que ce que vous voudriez qui vous fût fait.* Dites-nous de graces, qui de vous ou de nous ? péche le plus grièvement contre cette loi univerfelle, gravée dans le cœur de tous les hommes ? Nous, pyratons : d'accord. Mais au moins, nous épargnons les nôtres. Vous enfanglantez la nature, qui vous crie fans ceffe : *corvi con corvi non fi cavan* *mori gli scrbi* *. Passe encore de nation à autre ; mais que dites vous d'un pere de famille , qui force ses enfans à manger du sel au lieu de pain ; & qui les oblige à le lui acheter comptant , cinquante fois au de-là de sa valeur , & leur fait vendre jusqu'à la paille de leur grabat , faute de payement ? qui , pour comble d'iniquité , les fait mourir de froid , en consumant le bois de leur chauffage , à la cuisson de ce sel factice , que leur bonne mere leur fournit gratuitement , préparé de ses mains ? Que dira encore de tant de marchands de tabac , de vin , de biere , d'eau-de-vie , de portes , de fenêtres , de cheminées & de tant d'autres besoins de la vie ? n'y en-a-t-il pas eu , parmi vous , qui n'ont pas rougi de vendre , jusqu'à la permission de soulager la nature de

---

* Les loups ne se mangent pas l'un l'autre.

fon fuperflu ? Eſt-ce une fable , que
l'impôt que mit cet empereur fur les
choſes les plus ſales ? lequel en ayant été
blâmé par ſon fils : le fit appeller quelque tems après ; & lui mettant ſous le
nez une poignée d'argent , lui demanda
ce que cela ſentoit ? de quoi l'autre ,
qui ne concevoit pas le but d'une pareille queſtion , (ne ſe reſſouvenant plus
du paſſé) lui répondit, qu'il voyoit
bien , ſans le ſentir , que c'étoit de
l'argent. Hé bien , lui répartit l'empereur , c'eſt le produit de ce que vous
ſavez. Allez , mon fils , tous moyens
ſont honnêtes lorſqu'ils ſont utiles.
Nous vous en diſons autant , meſſieurs ,
la plupart des hommes en général ne
font guères que des pyrates de différen-
tes claſſes. Si vous pouviez enfermer
l'air dans des magaſins , vous ne laiſſe-
riez reſpirer ame qui vive , qu'à beaux
deniers comptans. La différence qu'il
y a entre nous & vous , c'eſt la cruauté.

Nous nous contentons de voler & de
faire des esclaves ; & vous , vous nous
accrochez impitoyablement aux mâts de
vos vaiffeaux. Mais comment nous
épargneriez - vous , puifque vous en
agiffez de même envers vos freres ? Danfez tant qu'il vous plaira , & laiffez
nous faire quelques cabrioles à la paffade.
Nous favons à qui font dûs les croc-en-
jambes, & à qui les falemaleiks. Rien ne
nous amufe tant que vos bals ; c'eft le
tems où nous faifons le mieux nos
orges.

CHAPITRE XXV.

Les Amériquains Sauvages. Nº. 25.

Nous sommes les infortunés restes d'un peuple jadis heureux, sans loix & sans maîtres : nous ne pouvons croire, que des monstres, venus des extrêmités d'un monde inconnu, nous ayent été envoyés, par un Dieu ami des hommes ; lequel ils assurent, effrontément, s'être sacrifié pour eux ; tandis qu'ils ont égorgés nos peres, pour l'amour de lui. Ils nous ont apporté, à les ouïr, le bon ordre, l'évangile & le salut. Ils seroient mieux fondés s'ils disoient : le trouble, la désolation & la mort. Nous vivons éparts dans les bois & les déserts ; mais nous les observons de loin. Nous voyons, avec quelque consolation, qu'ils s'entregorgent

tr'égorgent eux-mêmes ; & qu'ils affom-
ment de coups , d'autres hommes leurs
semblables , pour les forcer au travail ;
parce qu'ils sont noirs. Quelques transf-
fuges de ces malheureux , qui paffent
de tems en tems , jufqu'à nous ; nous
ont appris des traits abominables , de
la cruauté de ces gens là. Ils nous ont
fait entendre , entr'autres chofes , que
leur condition étoit , fous leur joug ,
au-deffous de celle des bêtes ; & que
paffant de maîtres à autres , leur malheureux fort étoit toujours le même.
Ceux d'entre nous , qui ont fait fem-
blant d'embraffer leur croyance ; nous
ont dit : que leur Dieu maudiffoit les
trafiqueurs d'hommes. Il faut abfolu-
ment que cela foit ainfi ; car, loin de renoncer à ce trafic infâme : ils ne s'occu-
pent qu'à danfer , & à multiplier leurs
crimes. C'eft ce que nous ont appris
ces créatures noires , qui partagent avec
nous, de très-bon cœur & fans contrainte,

M

les travaux de la chaffe ; & le repos qui la fuit. Ils difent auffi, très-volontiers avec nous, *onontio*. Il faut pourtant, qu'il y ait parmi ces européens, des nations qui n'adorent pas le même Dieu, ou qui le regardent avec d'autres yeux ; puifqu'ils ont mis en liberté, tous ces miférables hommes noirs. On les dit fortis du pays des anges, & de beaucoup meilleure race que les autres. Plufieurs de ces noirs, arrivés derniérement ici, en ont raconté des merveilles à leurs freres fugitifs, pour les engager à revenir vivre avec eux. Mais les autres, qui ont éprouvé la cruauté des blancs & les rufes qu'ils employent pour les ratraper, ont refufé tout net de les fuivre. Ils les ont même ménacés de la mort, s'ils infiftoient davantage ; & fans nous, ils ne les euffent peut-être pas laiffé repartir fains & faufs. Mais nous vimes bien qu'ils difoient vrai ; car, ils nous apporterent des préfens de tabac & d'eau-de-vie, de la part de leurs maîtres, en figne de paix ; ce qu'ils n'auroient pas fait s'ils n'euffent été en liberté. Ils nous inviterent même à les venir vifiter & nous affûrerent que les quackers (c'eft ainfi qu'ils les appellent) ne penfoient nullement à nous faire le moindre déplaifir. Nous leur demandames auffi la caufe des brouilleries furvenues entre les anges de l'Amérique & ceux de l'europe. Ils nous dirent que les gallois, ennemis de ces derniers, excitoient d'un côté les fauvages contre les anges ; & les anges de notre continent, contre le gouvernement de ceux de l'europe, afin de pêcher en eau trouble. Que les miniftres du pere Angélique avoient eu la patte graiffée, pour l'empêcher d'écouter les avis d'un certain Pittius, homme zélé pour fa patrie ; en lui perfuadant, que c'étoit un homme de mauvaife humeur, & qui haiffoit les gallois fans raison. Mais que si ce prince entendoit les intérêts de sa nation , bien loin de prêter l'oreille aux discours séduisans des ennemis de ce ministre : il purgeroit, une bonne fois pour toutes , ses pays d'outre mer , de cette nation ambitieuse & brouillonne. Ils nous dirent encore, que l'avarice du gouvernement d'europe , étoit la principale cause de tous ces troubles. Tel fut le rapport des nègres affranchis. Nous ne fumes cependant pas fâchés , que les négres transfuges nous restassent , parce qu'ils entendent la culture des terres ; & nous procurent , par leur travail volontaire , bien des douceurs dont nous ne voudrions pas jouir , au dépends de notre oisiveté. Nous ne pouvons cependant nous résoudre à aller danser avec les européens. Nous avons remarqué , qu'ils se déchirent les uns les autres ; & qu'ils font tous leurs efforts , pour nous attirer, chacun dans leur parti. Cela nous fait préfumer , qu'ils font tous également méchans. Nous fommes nos gouverneurs, nos légiflateurs , nos guerriers & nos prêtres : tous ces dignitairés ne font à notre avis , que des entraves à la liberté. Nous la chériffons préférablement à la vie , & comme le fondement le plus folide , du bonheur de l'homme. Nous ferons donc plus fagement , de nous en tenir , comme nos peres , à la danfe du Calumet. Adieu meffieurs, je vais réjoindre mes camarades.

CHAPITRE XXVI.

Le grand Llama. N°. 26.

R O I S, princes & seigneurs, & vous
spécialement mes très-chers fils & filles,
salut & bénédiction..... Vous me réfer-
viez sans doute, pour la bonne bouche,
en m'assignant une place dans cette illuf-
tre assemblée, qui me met dans le cas,
de dire mon avis, pour la clôture du
congrès. C'est très-bien fait à vous. *In
caudâ venenum.* Je prétends en revanche,
recompenfer cette diftinction, par l'ou-
verture de mon cœur & de tous les fe-
crets de l'art, qui rendirent de tout
tems, les llamas les plus fins danfeurs
de l'univers. Certains trouble-fêtes fouf-
flerent jadis, aux oreilles des fouverains,
je ne fai quels menfonges ; & leur infi-
nuerent, que les llamas devoient s'en
tenir au maniement de l'encenfoir, fans

toucher au fceptre ; alléguant fauffement : que les rois commandoient an-
ciennement aux grands facrificateurs ;
& non ces derniers aux rois. Voilà,
comment ces impofteurs, en tordant les
écritures, font enfin parvenus à nous
débaucher nos meilleurs amis ; depuis
l'extrémité du nord, jufqu'en Gallinie
& dans les Alpes. Vous n'ignorez pas,
feigneurs ! les deux moyens, dont
nous nous fervîmes alors, pour ramener
ces brebis égarées ; & dont on fe fert
encore aujourd'hui en Hefperie, en Lu-
fitanie & dans le Latium, à la grande
gloire de Dieu. C'eft à notre grand regret, que ce zéle brûlant fe foit refroidi
depuis quelque tems, chez ces nations
de notre obéiffance. Voilà le fruit des
mauvais exemples. Le prince des gallois
défunt, notre fils aîné, qui avoit fi
heureufement commencé, à extirper les
mauvaifes plantes de fon royaume, fe
rallentit fur la fin de fon régne ; & fon

succeſſeur , plus tiéde encore, n'a jamais permis un établiſſement ſi ſalutaire.
Mais graces au ciel, il ouvre aujour-
d'hui les yeux. Il a éloigné de ſa perſonne, les mauvais conſeilliers qui lui ont
fait chaſſer les meilleurs vignerons de
l'héritage du ſeigneur ; & ceux qui les
remplacent lui feront ſentir enfin , que
le ſceptre ne ſe ſoutient que par l'encenſoir. Or, l'encenſoir ſans feu eſt un
inſtrument mort, *ergò* : tant qu'il n'y
en mettra point, il ne fera rien qui
vaille. Mais revenons à nos moutons !
Vous avez entendu , ſeigneurs, de la
propre bouche du roi de Sarmatie, les
calomnies dont on nous a noirci auprès
de lui. Nous tâcherons de diſſiper ces
fauſſes imputations ; & ſi nous ne pouvons en effacer entiérement les ſiniſtres
impreſſions : nous prouverons au moins,
que c'eſt la cauſe du ciel & non la nôtre,
que nous plaidons aujourd'hui en votre
préſence : c'eſt-à-dire , à la face de l'u-
nivers.   REPONSE

RÉPONSE

Au Roi des Sarmates.

Je dis d'abord au roi, soit-disant, des sarmates ; que c'est par un effet de notre amour paternel, pour le royaume de Sarmatie, que nous n'avons pu, ni dû y endurer plus long-tems, l'établissement des perfides grecs. Par les nouvelles constitutions, ils seroient avec le tems devenus dignitaires ; & auroient insensiblement fait chanter en grec, par-tout où ils eussent pu avoir quelque autorité ; au grand préjudice des enfans légitimes & au nôtre. Les autres diffidents n'en eussent-ils pas fait de même ? Et les suites de tout cela ? c'est, qu'à la fin, mere sainte église s'en fût allé à tous les diables. Ces vérités sont si palpables, qu'il n'y a personne, pas même Saladin, en-

nemi juré des jésus-chriftiens, qui ne
les ait goûtées ; puifqu'il eft entré fi
chaudement dans la querelle du ciel. Il
n'eft pas un de nous, qui ne doive
faire les vœux les plus ardens pour fa
confervation. Il fe convertira, à coup
fûr, comme fit Saul ; & de perfécuteur
qu'il a été jufqu'à préfent, il deviendra
infailliblement le martyr de la vraie
chriftianité. Chacun de vous fait, d'ailleurs, foit dit fans médifance, que le
monarque intru, n'eft qu'un aventurier
fans feu & fans lieu ; qui trottant de
pays en pays comme un fecond Enée,
s'eft arrêté fortuitement à la cour de
cette nouvelle Didon, qui époufe fi
ouvertement fes intérêts. L'on fait encore,
que cette princeffe charitable lui a donné
des leçons grecques, fur la manière de
parvenir dans le monde ; qu'il a très-
bien fu faire valoir, chez les ftupides
farmates, fes compatriotes. Mais abré-
geons. La feule caufe de ces troubles,

... que le ciel irrité de l'exclusion d'un prince, dont l'ayeul a généreusement abandonné le paradis de Luther, pour la couronne des sarmates, ne permettra jamais qu'aucun grec, hérétique ou schismatique en jouisse paisiblement. Voilà, seigneurs & princes, les souhaits unanimes de tous les fidèles, & la véritable source des fléaux qui désolent aujourd'hui ce vaste royaume. Ce mystere révélé; prouve maintenant à la légitimé du pouvoir suprême, spirituel & temporel, que les impies osent nous contester.

Légitimité du pouvoir suprême, spirituel &
temporel, du Grand Llama.

Nous n'avons que deux choses à produire en peu de paroles. La premiere, l'authenticité de nos titres ; l'autre, la nécessité de faire valoir notre suprématie, par tous les moyens imaginables (*per fas & nefas*) toutes les fois que la gloire

du ciel ou la nôtre le requiérent. Accor-
dez-nous de graces, un moment d'attention.

Les grecs de tout tems , gens rufés
& grands menteurs ; jaloux de la pré-
éminence qui nous a été accordée d'en
haut , ufurperent d'abord ce pouvoir ;
en alléguant fauffement , que la primi-
tive églife , après les confeffeurs de Jérufalem , avoit été fondée , dans je ne
fai quelle ville d'Antioche , qu'ils ont
frauduleufement fourrée dans les écritures. Ils affûrent fans aucun fondement ,
que le nouveau teftament a été écrit en
grec ; mais nous foupçonnons pour
plus d'une raifon , que ce livre précieux
doit avoir été écrit , d'abord en latin , &
quoi que nous n'en connoiffions point
l'auteur , il eft fûr que ce doit avoir été
quelque profélyte des romains, du quel
ils l'auront efcamoté. Et après l'avoir
traduit dans leur language , ils l'ont fait

étroitement paffer pour original. L'on ne parla jamais grec à Jérufalem. Les évangéliftes étoient hébreux , & les romains qui en étoient lés maîtres , ne parlóient pas grec. Quoi qu'il enfoit : ils nient fort & ferme, que Pierre le premier des llamas , ait jamais mis les piés dans la faint cité. De pareiles bourdes ne méritent point de réfutation. La contradiction en faute aux yeux ; puifqu'ils avouent en même tems , que Paul , lorfqu'il fut envoyé à Rome , par Festus , gouverneur de la Judée , trouva des freres , à fon arrivée , qui vinrent au devant de lui , jufqu'à l'endroit appelé les trois boutiques : il y avoit donc des freres à Rome , avant que Paul y arrivât , qui même étoient inftruits de fa venue ; il y avoit donc des chrétiens : Pierre y avoit donc été avant lui. Quoi de plus clair & de plus conféquent ? Cependant , malgré l'évidence , ces madrés archimandrites jouirent de la fuprénratie, jusqu'à l'an 600, de l'erre chrétienne ; tandis que les autocrates légitimes n'étoient regardés que comme des curés vulgaires ; ou, si on leur faisoit quelque fois l'honneur, de les appeller aux bals écclesiastiques, ce n'étoit que comme simples figurans. Mais le ciel justement offensé de ce mépris, rétablit toutes choses ; & rendit, tout à coup, au chef universel, toutes les prérogatives que les grecs avoient usurpées. Voici en peu de mots, comment la chose arriva. . . . Vers l'an 606, certain Phocas, généralissime des trouppes de l'empereur Maurice, qui aspiroit depuis long-tems au trône, voyant la maison de ce prince affermie de trois fils, & désespérant de parvenir à ses fins : s'avisa de porter ses mains parricides, sur le pere & sur les enfans, dans un même jour ; & se fit proclamer empereur. Ce Maurice, quoi qu'étranger, avoit régné au dire de ses amis, avec

beaucoup de fageffe & de gloire, pendant
vingt-un ans. Il tenoit ce rang fuprême
de fon prédéceffeur qui l'avoit inftallé,
de fon vivant, en lui donnant fa fille
en mariage. Cette cataftrophe jetta le
peuple & le clergé dans une conferna-
tion inexprimable. Le patriarche de
Conftantinople, grand benêt s'il en fût,
loin de louer une action fi héroïque :
fe mit à braire, comme un âne, avec
fon clergé, & fut fi mal avifé, que de
défendre, que l'on fît les prieres d'ufage,
dans les temples, pour la profpérité
du nouvel empereur. Celui-ci fe trou-
vant dans une grande perplexité : eut
bien voulu s'en venger ; mais il ap-
préhendoit la revolte des peuples. Il
avoit à la vérité, les trouppes à fa dévo-
tion, & quoi qu'elles fuffent toutes
difpofées au pillage, & aux fuites de
ce que l'on doit attendre de la fureur
du foldat : il n'ofoit néanmoins encourir
les rifques. Il avoit, outre cela, les

peuples d'Italie à ménager ; & craignant, que le llama, d'alors, mon glorieux antécesseur, (c'étoit si je ne me
trompe Boniface III.) ne les fît soulever ; ce qu'il n'étoit point en état d'empêcher : il lui écrivit une lettre fort
honnête ; où il tâchoit de justifier cet
assassinat. Il lui représenta que l'empereur défunt étoit un impie, qui négli-
geoit la gloire de Dieu & de ses saints ;
& sur-tout, qu'il maltraitoit le clergé &
autres choses semblables. Il finit en le
priant de vouloir bien lui conserver
l'Italie & le faire reconnoître empereur,
avec les solemnités ordinaires ; qu'en
revanche, lui empereur, lui en accordoit
le gouvernement ; & le feroit reconnoître, à son tour, lui & ses successeurs,
à perpetuité, pour le chef universel de
la chrétienté : titre, qui lui étoit in-
justement contesté, par les patriarches
de Constantinople... Qu'il lui accorde-
roit, en outre, le pouvoir suprême, de

faire

faire chanter dans tous les pays de sa
domination, en latin ou en tel jargon
qu'il bon lui sembleroit ; pourvu que,
pour ne point effaroucher ses sujets
grecs, il conservât dans ses prieres, le
mot grec *eleyson* ; & quelqu'autres
paroles magiques qu'il pouvoit fort bien
grommeler entre les dents ; sans que ni
les grecs, ni les latins pussent s'en
scandaliser. Boniface, qui n'ignoroit
pas le proverbe italien, *chi non sa dissimu-*
lare non sa regnare, se garda bien d'enfiler la route de l'Archimandrite : il féli-
cita même ce traitre Phocas, sur son heureux
avénement au trône ; exalta jusqu'aux
cieux, son zéle & sa courageuse résolu-
tion : accepta humblement le pouvoir
spirituel & temporel : & promit de lui
bien garder l'Italie. Il lui tint parole;
car ce prélat & ses successeurs la garde-
rent si bien : que depuis, ni les grecs
ni leur empereur, n'y remirent jamais
les pieds. Ils prétendirent aussi obliger

O

les grecs à chanter en latin ; & à venir
à l'école à Rome. Il y en vint à la vérité
quelques-uns , que l'on oignit sacrifica-
teurs latins , & qu'on lâcha ensuite vers
leurs troupeaux ; avec plein pouvoir de
les laisser chanter en grec, à la romaine.
Mais ils ne nous amenerent que quelques brebis galeuses, que nous nommons
grecs réunis. Nous mimes les uns dans
divers hopitaux , & donnames aux autres, des pancartes de gueux ; pour aller
de ville en ville partout les pays de notre domination , chanter du grec en
latin. Ceux de leurs compatriotes , qui
ne donnerent pas dans le panneau,
nous offrirent de vivre en paix & en charité avec nous ; à condition , que nous
les laisserions chanter à leur mode ;
sans affecter aucune supériorité. Mais
cela ne pouvoit s'accorder avec notre
suprématie. Nous les anathématisames
& les damnames , comme schismati-
ques & rebelles ; & comme tels , nous

aimâmes mieux les abandonner aux far-
razins, que de leur envoyer le fecours
dont ils avoient befoin. C'eſt ainſi que
Conſtantinople eſt tombée au pouvoir
de ces derniers. C'eſt ainſi, encore,
que le meurtrier de fon prince donna
plein pouvoir à Boniface, de s'emparer du gouvernement temporel & des
clefs du ciel. (*Ce nouveau chef univerſel en
uſa, la première fois, pour abfoudre cet
affaſſin.*) C'eſt ainſi enfin, que ces deux
honnêtes-gens ſe font épaulés, pour
parvenir à leurs fins ; & de là, tous les
pouvoirs d'intrôniſer, de détrôner,
d'anathématiſer, de pardonner ou d'envoyer à tous les diables. Qui oſeroit
donc conteſter des titres auſſi authen-
tiques !...

Quand à la néceſſité d'uſer de nos
droits, elle dépend des circonſtances ;
par exemple : nous avons châtié l'empereur Frederic Barberouſſe, & dépêché,

O ij

sourdement, Henri VII. par une hostie empoisonnée, que lui fit, dévotement, avaler un moine de Boulogne. A tout cela, il n'y a pas le moindre mal. C'étoient des rebelles à peu près de la trempe du roi de Sarmatie d'aujourd'hui : & puis, entre nous, ces princes étoient plus propres à porter de sacs au moulin, qu'à gouverner des empires. Jugez-en vous-mêmes, seigneurs : le premier, subit fort humblement la pénitence qui lui fut enjointe ; & vint, pieds nuds, dans la neige, un balai & des ciseaux à la main, demander pardon jusques dans la basse - cour de notre palais. Nous lui pardonnames, effectivement, comme pardonne l'église romaine, c'est-à-dire : à condition qu'il nous la payeroit. Pour l'autre claude : il aima mieux crever, avec son bon Dieu dans le ventre, que de prendre du contrepoison, que son médecin lui présenta. Il poussa même la charité, jusqu'à exhorter le moine empoifonneur, de prendre la fuite ; de crainte, difoit-il, que fes gens ne fe ruaffent fur lui. Quand au vulgaire, nous torturons, nous grillons, nous martyrifons. Qu'y a-t-il de plus falutaire & de plus conforme à l'efprit de l'évangile ? où il n'eft parlé que de couper bras & jambes, de s'arracher les yeux, & de fe pendre une meule de moulin au col, pour fe précipiter dans la mer ; & autres gentilleffes femblables n ! Le royaume des cieux fouffre violence, & ce font les violens qui l'emportent… Hélas ! ils ne font plus, cet tems heureux, où, d'un mouvement de fourcils, nous faifions trembler, danfer & même fauter à notre gré, les pieux fouverains. Depuis qu'un méchant Philippe, roi des gallois, refufa les étrivieres, pour enfiler le chemin de paradis : fes defcendans fe font fouvoyés de plus en plus de la bonne voye, & n'ont ceffé de marcher

dans le mauvais train de leurs pères.
Cette époque malheureuse arriva sous
un autre Boniface qui, par inspiration
divine, trouva *il bel Tesoro delle indul-
genze* ; homme d'une sainteté inimita-
ble, & d'une fermeté d'ame mémorable
à tous les siécles. Il aima mieux se roui-
ger les bras jusqu'au coude, que de voir
le sanctuaire profané. Mais ô hacomm-
ble d'ingratitude ! ses ennemis, que le
ciel confonde à jamais, loin d'exalter
son zéle & son courage, n'ont pas eu
honte de publier de lui : *qu'il étoit parvenu, au pontificat, en renard ; qu'il
avoit régné en lion, & qu'il étoit mort comme
un chien*. Là dignité sacerdotale, une
fois foulée aux pieds, les princes empié-
terent, petit à petit, sur les droits sa-
crés. Ils se jetterent sur la portion des
lévites, & chercherent à dévorer l'héritage des saints. Qu'est devenu cet azyle
sacré, qu'un de nos prédécesseurs ache-
ta jadis, des deniers des croisades,

dans la Gaule Narbonaise ? Ne vient-il
pas de nous être enlevé , sous nos propres , yeux , sans aucune forme de
procès ? Et ce délicieux morceau du pays
de Parthénope : * qui l'a détaché du
patrimoine de saint Pierre , avec tant
d'autres encore ? Quel remède à tous ces
attentats ? Il ne nous resté qu'une ré-
source ; c'est de faire exterminer les
philistins par les amalékites. Le branle
est commencé : le reste s'en suivra. Nos
danseurs noirs ne cessent de travailler ,
sous terre , chez Luzitanus & dans les
hespéries. Ils en font de même dans le
pays des anges & chez les gallois ; où
ils ont enfin réussi à faire châtier nos ennemis. Il y avoit long-tems que les indo-
ciles parlementaires de Gallinie , mépri-
soient nos ordonnances , jusqu'à s'en
chauffer sur les dégrés de leur chambre !
hé bien , qu'ils dansent maintenant. Il

---

* Le Royaume de Naples.

est écrit : *Je suis reine*, *& je ne verrai point de deuil.* Cela veut dire, si vous ne l'entendez pas, que pour maintenir l'honneur du ciel & le nôtre, nous ferons jouer tous nos ressorts, & que nous verrons danser, d'un œil sec, toute la terre, la peste, la famine, la guerre, le diable & l'enfer ; *in sæcula sæculorum.* Amen.

F I N.

NOTES

NOTES

ET

REMARQUES HISTORIQUES,

Contenues dans cet opuscule.

(Sur l'épître dédicatoire à Salomon.)

Il n'est qu'un prince en europe, à qui l'on ait donné le surnom de *Salomon du nord*. La piéce méchanique, dont l'auteur parle ici, est un cylindre, d'ivoire, d'environ deux pouces de diametre, qui a pour axe, deux cônes adossés à la base, au centre de la piéce; par le développement desquels elle remonte de bas en haut fans la moindre impulsion, fur un plan incliné d'ébene, en s'éloignant du centre de gravité. Ce morceau fut remis, il y a environ vingt-deux ans, au cabinet des curiosités naturelles de S. M. par Mr. Matfchall, à fon retour de la Haye à Berlin; vers l'an 1750. avec une chronique de plus de deux cens ans, de la premiere impreffion d'Anvers, *chez Martin l'Empereur*, auffi rare pour fa vétufté, que pour le ftyle gothique de ce tems-là. Ce livre doit avoir place dans la bibliothéque du roi.

*

CHAPITRE PREMIER.

(a) L'on entend ici, les guerres que les empereurs *Léopold* & *Charles* VI. ont eu à soutenir en Hongrie, contre le *Grand Seigneur*, & *Louis* XIV. roi de France, jusqu'à la paix de Nimegue en 1704. Après le décès de l'empereur, pere de *Marie Therese, reine de Hongrie & de Boheme*.... La France, alliée du roi de Prusse & des électeurs de Saxe & de Baviere, qui prétendoient tous deux à la succession du défunt, par le droit des femmes, & le premier à la *Siléfie* : tous ces princes, dis-je, entrerent en Bohême ; le roi de Prusse ayant livré depuis la bataille aux autrichiens, proche de la petite ville de Czaslaw, & mécontent de la manœuvre des français, qui arriverent, fix heures après le combat : il fit sa paix particuliere avec la reine qui, débaraffée d'un ennemi fi puiffant, envoya quelques détachemens de cavallerie, fe pofter en front à une petite portée de Pifeck, occupé par ceux-ci comme pour l'attaquer, tandis que le gros de leur armée défiloit derriere les montagnes, pour leur couper la retraite, & s'emparer de Prague. Mais les français les prévinrent, & par une marche forcée, ils firent en moins de deux jours, le chemin d'une femaine ; & arriverent à la vue de Prague, le lendemain vers les cinq heures du foir. Les bagages qui ne purent fuivre, furent la proie des troupes légeres, communément appellée pandours ; (fous-briquet que l'on donne indifféremment, aux esclavons, dalmatiens, rusliens & croatiens,) ainsi que de leurs officiers qui pillèrent comme les autres ; & mirent sur leur pourpoint, les belles chemises qu'ils dévalisèrent, avec les chapeaux à plumets qu'ils trouverent dans les malles. C'est dans cet équi-page burlesque, qu'ils escortèrent depuis quelques officiers autrichiens, députés pour affaires, au quartier général des français. Le reste de la troupe étoit affoiblie à peu près dans le même goût ; les uns avoient des bonnets de grenadiers, une veste galonnée sur une chemise sale, & les jambes nues ; d'autres, croatiens, une longue barbe ; & pour chauffure, des morceaux de peau de bœufs fraîchement tués, & cousus sur leurs pieds. Tous ne ressembloient pas mal à des patriarches grecs dévalisés ; l'on ne sauroit mieux comparer ces gens là, qu'aux miquelets des Monts-Pyrénées, où écossois montagnards. Ils grimpent avec une légereté inconcevable, les montagnes les plus roides : & dès qu'ils ont gagné quelque avance sur les poursuivans, ils s'asseyent ou se couchent sur le dos, selon que le terrain le permet ; & appuyant le canon de leur fusil, sur la pointe de leurs pieds joints : ils lâchent leur coup sur leur homme, qu'ils manquent rarement. Ils réiterent cette ma-nœuvre, d'espace en espace, jusqu'à ce qu'ils ayent gagné le sommet ; ils redescendent de la même vitesse, quand ils sont serré de trop près. Il s'en trouve même de si hardis, qu'ils viennent par peloton, braver de queue & de flanc, une

troupe reglée. Puis s'éparpillant de côté &
d'autre , & courant à toutes jambes , ils difpa-
roiffoient. C'eft ainfi qu'ils harcelent une efcorte ,
& tombent fur les bagages qui refte en arriere.
Si l'on envoie quelques détachemens d'huffards
à leurs trouffes , ceux-ci les pourfuivent au grand
galop ; & lorfqu'ils fe croyent affez éloigné ;
ils entrent tous , pêle-mêle , au premier cabaret
qu'ils rencontrent fur la route , où ils vont boire
enfemble comme bon freres ; ils ont feulement
la précaution d'envoyer quelques-uns des leurs , à
la découverte , lefquels fe relevent de tems à
autres ; & dès qu'ils apperçoivent quelque
détachement , qui pourroit troubler la fête ,
ils donnent le fignal convenu à leurs camarades.
Alors , ceux-ci feignant d'être aux prifes avec les
autres , ils lâchent par-ci par-là quelques coups
de piftolets en l'air ; & puis chacun de fon côté ,
gagne le large , ce qui vérifie le proverbe italien ;
corvi con corvi non fi cavan mai gl'occhi , en français , les loups ne fe mangent pas l'un l'autre.
Il n'y a que les ulans , peuple defcendu des
anciens farmates fur les frontieres de la Turquie
& de la Pologne , que l'on puiffe leur oppofer.
Il ne fera pas hors de propos de donner ici une
idée de cette cavalerie légere ; elle eft auffi fin-
guliere dans fon genre , que les autres dans le
leur. Après quoi nous reviendrons aux premiers.

Les ulans font , prefque tous , mahométans ;
quoique fujets de la Pologne , & ils en ufe-
roient à coup fûr ; en pareille occafion avec les
turcs , comme font les huffards , avec les efcla-

vous leurs voisins. Les lecteurs, sur-tout les mi-
litaires, qui n'on point vus ni peut-être ouï
parler de ces sortes de troupes, ne seront point
fâchés que l'on en fasse une petite description.

Ils sont assez proprement vêtus en dessous,
avec un surtout de gros drap par dessus ; le tout
en forme de chemise, serré sur les reins, par une
ceinture de cuir, avec de vastes & amples cu-
lottes de même étoffe, liées au dessus de la
cheville du pied, de même que les poignets de
leurs manches. Cet habillement grossier, n'est
que l'envellope d'une veste & d'une culotte
d'une autre étoffe plus précieuse ; de velours ou
d'écarlate, & quelquefois galonnée. Ils rem-
plissent l'interstice de ces deux vêtemens, d'a-
voine ou d'orge selon ce qui se trouve ; & portent
toujours du foin cordelé en croupe, quand ils
veulent aller en course. Ils ont la tête rasée, &
une petite calotte de marroquin ou d'écarlate,
une barbiche au menton, avec un toupet de
cheveux qui leur pend sur l'oreille gauche, en
façon de coquarde. (Tels étoient du moins ceux
que j'ai vus.)

Leur armure est un sabre & des pistolets at-
tachés à la ceinture, & une lance à la main,
dont le bois est percé d'en bas & attaché au
poignet par une corde, afin de pouvoir la retenir au cas qu'elle leur échappât.

Ils se munissent aussi de deux bourses de cuir,
pendues à l'arçon de la selle, l'une pleine de
farine ou de ris, & l'autre de balles & autres
provisions, ou de farine dont ils font un peu de

bouillie, en cas de longues courses ; ou qu'ils ne trouvent rien de mieux sur leur route. Leurs chevaux qui ne paroissent guere que des haridelles, tant ils sont maigres ! sont si vigoureux, qu'ils pourroient dans le besoin faire, d'une seule traite, au delà de trente lieues de France (environ soixante milles d'Angleterre) sans débrider. Ils sont si adroits, que j'en vis un jour, un monter environ vingt marches d'une église à Prague, où la curiosité attiroit le cavalier, qui étoit mahométan ; lequel voyant une multitude de peuple assemblé, & quantité de cierges allumés : resta un moment immobile. Puis tournant bride, il sortit brusquement & redescendit avec sa rossinante de la même vitesse avec laquelle il étoit monté ; ajoutez à cela que ces animaux faits à la fatigue & à la faim, restent quelquefois des jours entiers & même deux de suite sans manger, lorsqu'ils manque de provisions ou de relâche pour faire hâlte ; sans que leur vigueur en paroisse abbatue. Ces troupes ne font bonnes que pour aller à la découverte, ou devaliser des chariots mal escortés. Ils venoient enlever les chevaux au fourage ou à la pâture pendant le siége de Prague, jusques sur les glacis. (nous parlerons de ce siége ci-après.) Voici comment ils s'y prennent ; ils accourent à l'improviste au grand gallop & lance baissée, au bas de laquelle est attaché une banderolle ou petit étendart qu'ils font voltiger sous les yeux des chevaux, lesquels épouvantés prennent la fuite. Le premier parti, les autres suivent ; puis d'autres & ainsi

de fuite. Pendant cette manœuvre, d'autres
plus leurs camarades, se glissent par derriere
& les chasse vers la campagne ou dans les bois.
Là après avoir trié les meilleurs pour se remonter, ceux qui en ont besoin : ils font argent du
reste, qu'ils vendent au premier venu au tiers
ou au quart de leur valeur.

J'ai promis de toucher encore un mot sur les
pandours, nom que l'on donne indifféremment
à tous les peuples limitrophes de la Turquie,
croates, rasciens, dalmatiens &c. Voici ce
que j'en sais. Pendant mon séjour à la cour du
Margrave de Bayreuth, j'eus occasion de m'entretenir avec un de leurs chefs, qui parloit
passablement la langue allemande, pendant la
halte que fit sa troupe, sous les murs de la ville
du même nom & résidence de ce prince ; cet
officier fut invité de sa part à venir dîner au
château, l'on envoya au détachement un ton-
neau d'excellente bierre, avec d'autre provisions
de bouche pour les régaler. Ceux-ci par recon-
noissance, firent demander au Margrave, par
leur commandant, la permission de venir danser
devant ce prince, à la façon de leur pays ; (les
droles avoient leurs raisons, ils visoient en
même-tems à la monnoie) ce qui leur fut ac-
cordé. Tandis qu'ils étoient occupés de la danse,
& à decrotter le buffet de la salle, où on avoit
mis de nouveaux rafraichissemens : l'officier
pour qui ce divertissement n'étoit rien de nouveau, desirant voir les jardins, s'accosta de
moi, & me demanda si je voudrois l'y mener ;

ce que je fis , de préférence à regarder les gam-
bades & les grimaces des danſeurs. Pendant
la promenade, je le priai à mon tour , de me
donner quelques éclairciſſemens ſur ce que j'a-
vois oui dire de ſon pays , & entr'autres , s'il
étoit vrai que des ſi braves guerriers s'amuſaſſent
à détrouſſer les paſſans ? voici la réponſe qu'il
me fit, (avec plus d'affabilité que je ne me
ſerois attendu d'un chef de *pandours* ! mais' il
avoit voyagé.) Voici donc ce qu'il me dit. Le
nom de *pandoure* , dont on nous honore dans ce
pays-ci , n'eſt qu'un ſous-briquet ; nous ſommes
dalmatiens ou croatiens , &c. des frontieres des
états du grand-ſeigneur. Nous avons la permiſ-
ſion tous les ans , de venir nous divertir une
quinzaine de jours ſur ſon territoire ; les habitans, qui par le voiſinage, ont beaucoup de con-
formité avec notre façon de vivre , (à la réligion
près) pour entretenir la bonne amitié, & nous
faire voir qu'ils n'ont aucune rancune ni de
haine contre nous , viennent en cérémonie nous
y inviter , ſans quoi nous nous en garderions
bien , comme vous pouvez en juger. Pendant
ce tems-là , qui eſt une eſpéce de foire chez
eux , ou ſi vous aimez mieux , comme le tems
des vendanges chez vous : ces bonnes gens
nous régalent de leur mieux ; nous y amenons
qui le veut , chacun nos femmes. Mais ſi quelqu'un des nôtres, oſoit dérober la moindre
choſe ; on l'amêne à notre chef, qui eſt toujours de la partie; & de ſon bâton de comman-
dement, *qui eſt une eſpéce de ſceptre d'argent , ou*

de

de cuivre doré, qui consiste en un pommeau & un manche de même métal ; il lui donne deux ou trois coups sur la poitrine, jusqu'à ce qu'il rende le sang par le nez ou par la bouche. Voilà sa punition, pour la premiere & seconde fois ; s'il y revient, pour la troisieme, on lui tranche la tête. Sans cette justice rigoureuse, les honnêtes gens ne croiroient être en sûreté, ni pendant ce tems-là, ni en aucun tems. Comme ils n'ont que nous pour voisins du côté de la Hongrie, & qu'ils sont presque toujours occupé des travaux de la campagne en été : ils ne laissent dans leurs villages, que les infirmes, les viellards, quelques femmes & leurs enfans. Mais, ajouta-t-il, ce cas arrive si rarément, que je n'en ai vu pendant ma vie qu'un seul exemple, qui suffit pour long-tems. Quant aux passans, c'est pure calomnie : voici ce dont il est question. Si c'est un seigneur, ou des riches marchands, nous leurs demandons sur notre terrain seulement, le droit d'aubaine, qui n'est pas taxé ; c'est-à-dire, une petite libéralité, pour le droit de passage, comme sur terre étrangere : les uns donnent plus, les autres moins, selon leur générosité ou leurs moyens. Alors nous les escortons par honneur seulement, jusques hors de nos limites. Si ce sont des seigneurs du voisinage, qui ne se munissent d'argent qu'autant qu'ils leur en faut pour leur voyage, nous nous contentons de leur parole ; il nous assigne, un jour de rendez-vous chez lui, ou nous promet pour son retour. S'il y

* *

manquoit , nous l'en ferions reſſouvenir la premiere fois qu'il repaſſeroit. Mais pour l'ordinaire , ils nous donne toujours quelque choſe au
delà de ſa promeſſe. Pour detrouſſer les paſſans ,
ou voler leurs nippes ; nous ne ſommes pas
capables de telles baſſeſſes : au contraire , ſi quelque pauvre voyageur , homme de métier ou
autre , paſſe par notre village , & qu'il ait faim
ou ſoif , ou qu'il manque de quelque choſe ; il
n'a pas beſoin de mandier. Il va s'aſſeoir ſur un
banc , ſous le gros arbre de la place ; là , à
peine eſt-il apperçu , qu'un chacun s'empreſſe
à l'inviter à partager le dîner ou le ſouper tel
qu'il eſt , & ſelon ſon moyen ; & s'il a beſoin
de ſe repoſer un ou quelques jours , tout le
monde veut le traiter tour-à-tour. Cela vaut
bien , à mon avis , de l'argent , qui eſt fort rare
dans notre pays , trop éloigné du commerce.&
des grandes villes. Les voleurs ſont inconnus ,
ou ſi rares parmi nous , que chacun peut laiſſer
en toute ſûreté la porte ouverte. Il plante ſeule-
ment un piquet à l'entrée , en ſigne d'abſence ;
il peut être aſſuré de retrouver chez lui , ce qu'il
a laiſſé. Nous ſommes traité ſans façon , de voleurs parmi vous ; j'ignore ſur quel fondement
ce bruit eſt fondé. Eſt-ce parce que nous pillons
des bagages ? Mais de graces , mon cher ! A
la guerre comme à la guerre. Le cas eſt tout
différent. Si nous empêchions de butiner ; cela
décourageroit nos guerriers , n'eſt-ce pas de
même par-tout ? Telle fut la réponſe de ce ca-
pitaine , qui avoit plus d'expérience & de poli-

ressé, que l'on en eut désiré d'un homme de cette nation. Mais il avoit voyagé. Depuis l'aventure de l'empereur Joseph, *dont le méchant cousin, jetta une ame de purgatoire par la fenêtre.* Voici le fait. Le prince de Saxe, frere de l'électeur, depuis roi de Pologne, si je ne me trompe, étoit d'une force prodigieuse : que, quand il empoignoit un pot d'étain rempli de liqueur, il l'écrasoit, avec autant & plus de facilité, qu'un homme d'une force ordinaire feroit d'un œuf ; de maniere que la liqueur en sautoit jusqu'au plancher. L'on raconte entr'autres aventures de ce prince, qu'étant un jour à la chasse, & ayant ouï dire qu'il y avoit dans le voisinage, un maréchal de sa force, s'il ne le passoit. Il fit exprès déferrer son cheval d'un pied, & fut trouver cet homme, qui ne l'avoit jamais vu, pour lui faire remettre un autre fer. Après qu'il fut forgé & prêt à clouer, le prince demanda à le visiter, pour être sûr qu'il fut bien conditionné ; ce fer ne vaut rien, dit-il, en le cassant, faites-en un autre ; & puis il le jetta à la vielle ferraille. Le maréchal, sans mot dire, croyant s'être trompé, où que le fer fut pailleux : lui en reforga un second, & y mit plus d'attention ; le prince le brisa de même, & puis un troisieme. Le maréchal, excédé, lui dit brusquément ; si vous ne trouvez pas ces fers assez forts : tenez, voilà les outils ; forgez-les vous-même. Là dessus, il sortit de sa boutique en gromélant. Le prince, qui n'avoit voulu que se convaincre par soi-même, si ce que l'on difoit de la force de cet homme, étoit vray ; le fit rappeller. . . . Il n'eft pas jufte, que vous perdiez vos peines & votre fer ; & tirant fa bourfe, il pofa un rixthaler ou écu d'empire, fur l'enclume. Le maréchal fans s'émouvoir, le prit, & l'ayant un peu confideré : cette piéce ne vaut rien, monfieur ! & la jetta en même-tems derriere la forge. Le prince lui en donna un autre, une troifieme, une quatrieme, même ; & toujours à recommencer : arrêtez, dit le prince ; fi je vous laiffois faire, vous ne vous lafferiez jamais. N'en caffez plus ; foi de gentilhomme, les piéces font bonnes ; & fans plus longues explications, il lui jetta, comme l'on dit, la bourfe & les jettons devant les pieds. . . . .prenez bon homme ! j'avois bien ouï dire, qu'il y avoit en Saxe, un homme auffi fort que moi ; mais je n'en voulois rien croire. Ces dernieres paroles deffillerent les yeux au bon maréchal qui, fe rappellant ce qu'il avoit entendu dire de la force de ce prince, fe profterna devant lui, en le priant de vouloir bien lui pardonner fa hardieffe. . . . Relevez-vous, bon homme ! dit le prince, avec un vifage riant, n'en caffez plus : il font tous de bon alloy. Croyez-moi ; faites un meilleur ufage de ce qui refte dans la bourfe, ils viendront fort à propos pour acheter d'autre fer, à la place de ceux que je vous ai caffé. Puis remontant fur fon cheval ; il invita le maréchal à le venir voir, & pourfuivit fon chemin.

Ce fut ce même prince, qui jetta par les fenêtres, le prétendu député de l'autre monde ;

le quel , s'étant caffé une jambe , en tombant :
fut trouvé le lendemain matin , prefque agoni-
fant , dans le foffé du chateau de l'empereur.
Quelques précautions que l'on ait prifes , pour
tenir cette aventure fecrette , elle n'a pas laiffé
de percer. L'auteur d'un livre , intitulé , *la Saxe
galante* dit : que ce fut le confeffeur de l'empereur Jofeph , qui craignant , que les liaifons in-
times de ce prince avec celui de Saxe , ne lui ou-
vriffent les yeux , fur les abus de l'églife romaine,
ufa du ftratagême fuivant. Comme ce pere avoit;
ce que l'on nomme à la cour des princes , les
entrées libres : il fe gliffa un foir dans la chambre du lit , & muni d'une longue chaîne , qu'il
traînoit après lui , il fe mit à foupirer.....

L'empereur ayant demandé , qui étoit là ? le
St. honmme lui déclara , qu'il étoit envoyé de
la part de Dieu , pour lui ordonner , de renoncer
à fon commerce , avec le prince de Saxe hérétique , qui étoit pour lors à fa cour , finon,
qu'il en feroit puni , dans ce monde & dans
l'autre : cela dit , il retourna fur fes pas.
L'empereur, effrayé de cette appariton inopinée ,
fe mit la tête fous la couverture , & ne put fermer l'œil de toute la nuit. Lorfque le prince
de Saxe , qui couchoit dans l'appartement voi-
fin , & qui ne favoit rien de ce qui s'étoit paffé,
entra à fon ordinaire , le jour fuivant , dans fa
chambre ; & lui voyant le vifage abbatu , il
lui en demanda la caufe. L'empereur fit d'a-
bord quelque difficulté. Enfin , preffé par le
prince ; il lui fit tout le détail de l'affaire. Mais ,

dit le prince , votre majesté étoit-elle bien éveil-
lée ? Comme à présent , je venois de me mettre au
lit. Cela étant : il faut que , quelqu'un abuse
de votre crédulité. Permettez que je veille , la
nuit prochaine , auprès de vous ; & si , l'esprit
paroit ici une seconde fois , je vous garantis ,
qu'à coup sûr il n'y reviendra pas une trosieme.
La seule grace que je vous demande , c'est de
ne rien dire à personne , de cette apparition ,
ni ce dont nous serons convenus. Sur-tout : que
l'on ne sache pas que je me trouverai , auprès
de vous , cette nuit. Le voulez-vous bien ? très
volontiers , répartit l'empereur. Hé bien , en ce
cas là , r'envoyez votre homme-de-chambre ,
dès que vous serez deshabillé , & laissez-moi
faire le reste. L'heure du coucher venue , & le
valet-de-chambre retiré , le prince de Saxe se
rendit au signal convenu , auprès de l'empereur ;
& s'étant placé dans la ruelle du lit ; il s'entre-
tint , quelque tems avec lui. Le spectre de la
veille reparut , l'empereur déconcerté , faillit à
tout gâter : ne craignez rien , lui dit le prince à
l'oreille , laissez-moi faire , vous allez voir une
belle scène. Tandis que le spectre faisoit sa ha-
rangue à l'empereur , le prince quitta tout dou-
cement sa cachette ; puis venant à pas de loup ,
derriere le bon homme ; il le saisit au corps , &
l'envoya par la fenêtre , rendre compte de son
ambassade.

CHAPITRE II.

(b) Il n'y a que, le grand-seigneur, d'entre les potentats , qui ose se parer d'un nom si
redoutable. Si les lettres patentes rapportées
dans les mémoires des guerres passées , des empereurs d'Allemagne avec la Porte, sont véridi-
ques : le texte porte, *alleiniger Gott auf Erden* : ce
qui exprime , mot à mot, *seul Dieu sur terre.*
Il faudroit , à ce compte, que le Dieu des cieux
ne fût pas aussi, celui d'ici bas. Il vaut mieux
présumer , que c'est une méprise des traducteurs
de l'arabe. Les orientaux , comme on le fait ,
usent souvent sans conséquence , de termes subli-
mes , pour relever la matiére.

CHAPITRE III.

(a) Il est aisé d'appercevoir , qu'il est question ,
dans ce chapitre , des belles provinces d'Alsace
& de Lorraine , démembrées de l'empire , ainsi
qu'une bonne partie des pays-bas. Le projet de
l'empereur est louable ; & il a cela de conforme
avec le serment , que font les rois de Pologne ,
à leur avénement au trône ; *de ne point se donner*
de relâche , qu'ils n'ayent ramenés à la couronne , tous
les domaines qui pourroient en avoir été enlevés.
Mais quand à l'exécution , *hic opus , hic labor*
est. Il y a bien des serrures à rompre , pour
pénétrer en France ; sur-tout, du côté de
l'empire : où l'on compte, le long du Rhin &
provinces adjacentes , au delà de quarante for-
teresses.

CHAPITRE IV,

(*d*) la Lorraine qui fut autre fois le partage de Lothaire, cédée à la France, à la derniere paix, en échange du grand duché de Toscane, sur le quel elle formoit des prétentions, *car tel est notre plaisir* : cette formule, qui paroit emporter le souverain despotisme, n'exprime cependant, à la rigueur, que la volonté du prince. Le roi d'Angleterre, dont le pouvoir est tempéré, par le parlement, s'en sert, également, dans ces lettres patentes, sans conséquence, pour la liberté du peuple. Cela n'empêche pas, que l'on ne plaide tous les jours, le roi de France, en la personne de son procureur général, dans maintes affaires ; & qu'il ne perde souvent son procès. Un prince doit donner, le premier, l'exemple de la justice qu'il veut que l'on observe dans ses états, delà le proverbe : *il y a bonne justice en France.*

CHAPITRE V.

(*e*) Il s'éleva environ l'an 1728. une brouillerie, entre le roi de Portugal & le pape, au sujet de la création d'un cardinal, à la nomination du roi. Cette brouillerie alla si loin : que le premier fit fermer son église à Rome, jusqu'à ce que l'affaire fût accomodée.

J'avoue encore, qu'en bon chrétien, il rendit graces au ciel, d'avoir été préservé de ses foudres ..... Il est question des derniers tremblemens de terre,

re , qui fe font fait fentir en Portugal & en Efpagne ; où font établies ces cruelles inquifitions ;
qui martyrifent les hommes , pour l'amour d'un
Dieu qui s'eft livré lui-même à la mort , pour les
racheter. Les rélations , de ces pays-là , firent
mention en leur tems , d'un *auto-da-fé* , qui fe
célebra à Lisbonne , peu après ; (où toute la cour
affifta) Comment des ames , tant foit peu fenfi-
bles , peuvent-elles fe repaitre d'un fpectacle fi
cruel? N'eft-ce pas le tableau des victimes hu-
maines , que l'on facrifioit , fous les payens , à
Moloch !

(f) L'ifle de Falkland, dont les Efpagnols s'é-
toient emparés , comme de leur ancien domaine , fans autres formalités ; & d'où ils avoient
chaffé les habitans anglois. Quoique la reftitution, qui en a été faite , ait obvié à des fuites
éclatantes : l'Angleterre n'y a pas été fi infen-
fible qu'elle ne pût en rappeller le fouvenir , à
la premiere occafion.

CHAPITRE VI.

Le chapitre précédent doit avoir mis le
lecteur au fait des brouilleries du roi de Portugal avec le pape, en 1728.

Plus bas ..... *Je n'ignore pas les calomnies que
ce St. homme s'efforce de répandre , par-tout , que
je fuis en hébreux traverfti*...... Ce bruit n'eft
fondé que fur le mariage de dom Pedro , frere
du roi, marié avec la princeffe du Bréfil fa
niéce.

***

CHAPITRE VIE

(h) Les Anglois se plaignoient, après la bataille de Dettingen, de ce que leur alliance avec l'impératrice reine de Hongrie, leur étoit onéreuse, en finances, & en hommes, & où chaque parti s'attribua la victoire. Les anglois, pour être restés sur le champ de bataille, jusqu'à minuit, & les français, pour y être revenus, le lendemain, enterrer les morts, & enlever les blessés, &c.

(i) L'Angleterre & la France s'etoient liguées contre les hollandois. Les autres chapitres n'ont pas besoin de commentaires jusqu'au vingtieme, qui sera le dernier pour les nottes.

CHAPITRE XX.

(k) La ville & république de Genève, située entre la France, la Suisse & l'Empire, est protégée de ces trois puissances, envers & contre tous. Si l'une d'elles entreprenoit de l'attaquer: les deux autres s'y opposeroient. En l'an 1602, le duc de Savoye, ayant formé le dessein de s'en emparer, sur je ne sais quelles prétentions, avoit fait ses préparatifs si secrétement, que sans un coup de la providence, il s'en fut rendu le maître, pendant la nuit du 6. Décembre même année. (*Cette ville n'étoit alors ni fortifiée si régulièrement, ni si bien gardée qu'aujourd'hui*) les échelles étoient déja plantées, aux pieds des murailles ; quelques-uns des plus hardis assail-

lans répandus, dans différens quartiers, devoient ouvrir la porte aux autres ; lors qu'une
sage femme, qui mérite ce non à tous
égards, appellée pour les fonctions de son mi-
nistere, s'apperçut de certains visages inconnus,
qui rodoient, çà & là, en grand silence, elle
crut de son devoir, d'en avertir le premier corps
de garde, qui se rencontreroit sur son chemin.
Sur cet avis, qui n'étoit pas à mépriser : l'on envoya, de côté & d'autres, à la découverte. Le
rapport de cette femme s'étant confirmé, l'on
sonna tout de suite l'allarme. Les bourgeois sous
les armes, coururent en partie aux remparts,
& les autres dans les différens quartiers de la
ville. Les savoyards, les moins éloignés de leurs
échelles, voulurent les regagner ; mais il furent
talonnés de si près, que les uns culbutant sur les
autres, en voulant descendre, ils se casserent bras
& jambes, & tomberent dans le fossé. Tous
ceux qui y furent pris, ainsi que dans les rues,
furent pendus le lendemain, sur les ramparts ;
les autres du dehors, qui étoient aux aguets,
n'eurent rien de si pressés, que de s'enfuir & d'aller rejoindre leur gros ; qui étoit à peu de dis-
tance de là. Quelques-uns, des moins lestes,
furent rattrapés & subirent le sort de leurs camarades. Les genevois, à leur tour, se mirent
à faire des excursions sur les terres du duc ; les
quelles n'en sont éloignées, que d'un quart de
lieue. Les suisses alliés de cette république, qui
est une clef de leur pays, se joignirent à eux &
se préparoient à entrer à main armée en Savoye,

fi les puiſſances voiſines, & particuliérement la France, n'euſſent interpoſé leur médiation. Telle fut l'iſſue de cette mémorable entrepriſe, dont la ville de Geneve célebre la mémoire, par des actions de graces ſolemnelles, tous les ans, le même jour, appellé chez eux la Ste. eſcalade.

Fin des notes.

C L E F

Des noms allégoriques des puissances.

N°. 1. La reine de Pannonie. *La reine de Hongrie.*
  2. La princesse de Belle-More. *L'impératrice de Russie.*
  3. Le coufin germain, fes camarades & fes filles libertines. *L'empereur, les électeurs, & les villes libres de l'empire.*
  4. Le prince de Gallinie. *Le roi de France.*
  5. Le jardinier des Hefperides. *Le roi d'Espagne.*
  6. Luzitanus. *Le roi de Portugal.*
  7. Le pere Angélique. *Le roi de la Grande-Bretagne.*
  8. Gothi-Bothnius. *Le roi de Suède.*
  9. Le roi des glaces. *Le roi de Dannemarck.*
  10. Le prince de Sarmatie. *Le roi de Pologne.*
  11. Le roi des Monts-Ignées. *Le roi des deux Siciles.*
  12. Le duc des Allobroges. *Le roi de Sardaigne.*
  13. Salomon. *Le roi de Prusse.*
  14. Les helvétes. *La république des Suisses.*
  15. Les cytériens. *Les vénitiens.*
  16. Les phœniciens. *Les génois.*
  17. Les cattes. *Les hollandois.*
  18. Les princes laviniens. *Les princes d'Italie, les ducs de Parme & de Modene.*
  19. Les trois pucelles du Latium. *Les républiques de Luques, St. Marin & Raguses.*
  20. La femme aux trois maris. *La republique de Geneve.*
  21. La rue des prêtres. *L'évêché de Liege.*
  22. Saladin. *La porte Ottomane.*
  23. L'ifle défolée. *La Corse.*
  24. Les affriquains. *Les républiques de Salé, Alger & Tripoli.*
  25. Les amériquains. *Les fauvages libres.*
  26. Le grand Llama. *Le St. pere le pape.*

C O N T